TOEIC® Test: WORKOUT ➤ 300
大学生のためのTOEIC®テスト基礎演習

by
Yuri Wada

TOEIC® Test: WORKOUT ≥300

大学生のためのTOEIC®テスト基礎演習

by Yuri Wada

Copyright©2015

-+-

All Rights Reserved.

No part of this book may be reproduced in any form without written permission from the author and Nan'un-do Co., Ltd.
TOEIC® is a registered trademark of Educational Testing Service (ETS).
This publication is not endorsed or approved by ETS.

このテキストの音声を無料で視聴（ストリーミング）・ダウンロードできます。自習用音声としてご活用ください。
以下のサイトにアクセスしてテキスト番号で検索してください。

https://nanun-do.com 　テキスト番号 [**511660**]

※ 無線 LAN（WiFi）に接続してのご利用を推奨いたします。

※ 音声ダウンロードは Zip ファイルでの提供になります。
お使いの機器によっては別途ソフトウェア（アプリケーション）の導入が必要となります。

TOEIC Test: Workout 300 音声ダウンロードページは左記の QR コードからもご利用になれます。

Read by

Christine Lundell（米）
Peter von Gomm（米）
Donna Burke（豪）
Bill Benfield（英）

はしがき

　本書はTOEICにこれから初めて向かう学生，受験してみてそのハードルの高さに圧倒されてしまった学生，また勉強方法を身につけたいと思っている学生のみなさんを応援するためのテキストです。特徴は以下の通りです。

1 初級者への配慮があり，しかも本試験から離れないテキスト

* Warm-upとして，準備練習を細かい段階に分けて設定しました。Exercises（本試験の練習問題）にとりかかる前の，リスニング，リーディングそれぞれのパートに合わせた演習です。音声を聞いたり，簡単な問題を解いたり，英文や訳を書き込んだり，なるべく単調にならないようにしています。また習得する目的に応じて扱う語彙を調整し無理なく進めるようにしています。

* ExercisesはTOEICの練習問題です。扱う語彙はTOEICの傾向に極力合わせました。見慣れない語彙も多いかも知れませんが，受験して驚かないように早い段階から語彙レベルは本試験並みにしています。ただし事前の語彙リストを充実させていますので，Exerciseに取りかかるときには「知らない単語」はほとんどないことでしょう。また，英文の長さは短めにして問題を作りました。これは本試験と違いますが，語彙レベルを維持しながら，文法や英文の読み方などを学びやすくするための工夫です。ただし，場面については日常からビジネスまで，TOEIC特有の内容を扱っています。同様に文法もTOEICに良く出題される項目から選びました。

2 TOEICの傾向に合わせた素材を使い，英語の基礎力を定着させるテキスト

* Workout
　　本書の最大の特徴とも言えるトレーニングです。Exercisesの英文を素材にして作りました。トレーニングの種類と目的は，
　●単語のラギング（時間差リピート）で集中力を高める
　●スラッシュリーディング（区切りごとの訳）で意味を文頭から意識する
　●正答を筆写し，内容の確認をする
　●音読・シャドーイングで英文を定着させる
　　など，「聞く」「読む」「声に出す」「書く」全てを使ってしっかり復習します。その中でも本書では意味を理解した英文の音読を繰り返すことを勧めています。なめらかに速く音読できるようになるとその速さの英文は聞けるようになり，定着させることができるからです。また，テキストには音読やシャドーイングの「回数記録表」を載せて繰り返し学習が目に見えるようにしました。教室や自宅で活用して1回でも多く声に出して下さい。問題を解き，各種トレーニングを実施して英語の基礎を固めましょう。それがTOEIC対策へとつながっていくことを願っています。
　　尚，本書の作成にあたり，南雲堂編集部の加藤敦氏には企画段階から本書の方針を理解していただくとともに，編集全般を通じて大変お世話になりました。また，音読指導法や回数記録表をご教示いただいた太田信雄先生，英文資料を提供してくださったJim Knudsen先生，丁寧な英文指導をしていただいたChristine Lundell先生にこの場をお借りして心より感謝申し上げます。

和田　ゆり

本書の構成と使い方

本書は全 12 ユニットから成り，各ユニットに TOEIC Test のリスニングセクション，リーディングセクションから 1 パートずつ掲載しています。準備の Warm-up，実践の Exercises，復習と基礎固めの Workout の 3 部で構成されています。

 Listening Section: Part 1 写真描写，Part 2 応答，Part 3 会話，Part 4 説明文

Warm-up　TOEIC の練習問題に取りかかる前のステップです。

Vocabulary	ユニットに出てくる語句を，CD を聞きながら予習します。示されている最初の文字に続けて聞き取った語句を完成させ，さらに意味を選択肢から選びます。
Pre-Listening (Part 1, Part 2)	リスニング問題の音声を聞く前に，写真描写や応答についてどんな英語が聞こえてくるかを「予想」できるようにします。
Listening 1	TOEIC 形式の例題です。「何を聞き取るか」を意識して答えを選びましょう。
Listening 2	例題のスクリプトと内容の要約です。同じ音声をもう一度聞いて，スクリプトを完成させましょう。また，内容をまとめて Listening 1 で出した答えと比べてみましょう。
Key	問題の特徴や解き方のポイントとなる解説を掲載しています。

Exercises　TOEIC Test と同じ形式の練習問題で，学習ポイントを絞った問題にしています。

Workout　英語の基礎を固めるトレーニングです。部分ディクテーション，スラッシュリーディング，英文筆写，音読，シャドーイングなどを組み合わせています。トレーニング方法は「Workout について」を参照してください。

 Reading Section: Part 5 短文空所補充，Part 6 長文空所補充，Part 7 読解

Warm-up　TOEIC の練習問題の前に，Part のタイプにあわせて以下のように準備します。

- **Part 5:** 動詞の変化，代名詞の変化，前置詞や接続詞の種類などの形と使い方を確認。
- **Part 6:** 前のユニットで扱った文法事項を復習し，読解文書の形式を確認。
- **Part 7:** 読解文書で扱う語彙と表現，また文書の形式と内容の流れを確認。

Key	問題の特徴や解き方のポイントとなる解説を掲載しています。
Vocabulary	次の Exercises で使う語句の意味を予習します。

Exercises　TOEIC Test と同じ形式の練習問題で，学習ポイントを絞った問題にしています。

Workout　英語の基礎を固めるトレーニングです。単語リピート，ラギング，部分ディクテーション，スラッシュリーディング，音読，シャドーイングなどを組み合わせています。トレーニング方法は「Workout について」を参照してください。

Workout について

　本書では，ユニット内の **Exercises** の英文を定着させるために，通訳者養成トレーニング方法を使い易くアレンジした各種のトレーニングを提案しています。TOEIC では会話文や説明文，大切な文法や語彙を含む文，などさまざまなタイプの英文素材がありますので，トレーニングで身につけて英語の土台を作りましょう。

- 部分ディクテーション：音声を聞いて空所に語句を書き込みます。リスニングパートでは，この方法でスクリプトを完成させます。
- スラッシュリーディング：英文を句や節，また意味のかたまりごとにスラッシュ（ / ）を入れて意味をつかみます。また区切った部分ごとに訳を書き込みます。（順送り訳）
- 筆写：英文のかたまりごとの意味をつかんでから写しましょう。
- 音読：英文を見て，音声に合わせて読んでいきます。（シンクロ・リーディング）繰り返し練習するとなめらかに言えるようになり，また自分で言える速さの英語は聞いてわかるようになります。少しずつ読むスピードを上げると更に効果的です。
- シャドーイング：英文を見ないで，聞こえてきた英語を少しおくれて声に出します。影（シャドー）のようについていきます。
- リピート：一定のペースで読まれる語句を聞いて，そのまま繰り返します。
- ラギング：一定のペースで読まれる語句を聞いて，1 語遅れで繰り返します。

＊リピートとラギングの違い

　ラギングもリピートの一種と言えますが，本書では聞いた英語を直後のポーズでそのまま繰り返すことをリピート，その次のポーズで繰り返すことをラギングと呼んで区別します。つまり，下の図のようにラギングでは DEF の聞いた後，前に聞いた ABC を「1 語遅れ」で声に出します。ABC を記憶に残したまま DEF を聞かなければならないので集中力が鍛えられます。自信がついたら「2 語遅れ」に挑戦して下さい

音声	ABC	（ポーズ）	DEF	（ポーズ）	GHI	（ポーズ）	JKL	（ポーズ）	…
リピート	（聞く）	ABC	（聞く）	DEF	（聞く）	GHI	（聞く）	JKL	…
音声	ABC	（ポーズ）	DEF	（ポーズ）	GHI	（ポーズ）	JKL	（ポーズ）	…
ラギング	（聞く・ABC を覚えておく）	ABC	（聞く）	DEF	（聞く）	GHI	…

＊音読・シャドーイング回数記録表

　音読回数記録表を **Workout** のページに載せています。20 回繰り返すとかなりなめらかに読めるようになります。努力の過程が見えるように印をつけて下さい。

Contents

Unit	コンテンツ	学習のポイント	ページ
Unit 1	Part 1: 人物の様子や動作 Part 5: 動詞の変化 Workout (Part 1, Part 5)	動作を表す ~ing 形に慣れる 主語と時制の基礎	8 10 12
Unit 2	Part 2: 疑問詞を使う問いかけ Part 5: 動詞の形を決める要素 Workout (Part 2, Part 5)	主語と時制を手がかりにする 原形になる場合，未来の表現	14 16 18
Unit 3	Part 3: 店頭での会話 Part 6: 動詞にからむ補充 Workout (Part 3, Part 6)	会話の場所と話している人 ビジネスレターを使って	20 22 24
Unit 4	Part 4: 案内放送 Part 7: 公共施設の掲示文 Workout (Part 4, Part 7)	放送の場所と目的を聞き取る 対象者，目的，具体的内容	26 28 30
Unit 5	Part 1: 物の様子や位置 Part 5: 時と場所の前置詞 Workout (Part 1, Part 5)	位置関係を前置詞で表す 前置詞の意味と使い分け	32 34 36
Unit 6	Part 2: Yes/No 疑問文 Part 5: つなぎのことば接続詞 Workout (Part 2, Part 5)	意味のつながりで選ぶ 前後を正しくつなげる	38 40 42

Unit	コンテンツ	学習のポイント	ページ
Unit 7	Part 3: 電話の会話 Part 6: 前置詞と接続詞の補充 Workout (Part 3, Part 6)	電話をかけた人と用件を聞き取る 商品の広告文を使って	44 46 48
Unit 8	Part 4: 録音メッセージ Part 7: 社内のメモ Workout (Part 4, Part 7)	相手に求める行動を聞き取る 目的, 依頼内容, 同義語	50 52 54
Unit 9	Part 1: 人物と背景の描写 Part 5: 人や物の代名詞 Workout (Part 1, Part 5)	写っているものの細部を聞き取る 名詞を正しく言い換える	56 58 60
Unit 10	Part 2: 勧誘や依頼の表現 Part 5: 品詞の使い分け Workout (Part 2, Part 5)	了承するか断るかを聞き分ける 形で見分けて正しく使う	62 64 66
Unit 11	Part 3: 同僚との会話 Part 6: さまざまな品詞の補充 Workout (Part 3, Part 6)	抱えている問題は何かをつかむ 説明書や保証書を使って	68 70 72
Unit 12	Part 4: 身近なラジオ放送 Part 7: 求人広告と応募の手紙 Workout (Part 4, Part 7)	具体的な情報を聞き取る ダブルパッセージの読み方	74 76 78

Unit 1

 Listening Section・Part 1　人物の様子や動作

TOEIC Test の Part 1，写真の描写問題で最も多く出題されるのは人物中心の写真です。
「どんな人」が「何をしている」か，を表現できるようにしましょう。

Warm-up

Vocabulary

音声を聞いて語句を書きましょう。最初の文字は示してあります。さらに，その語句の意味を選び（　）に記号を書きましょう。

1. c_____ (　)　2. c_____ (　)　3. d_____ (　)
4. f_____ (　)　5. f_____ (　)　6. h_____ (　)
7. j_____ (　)　8. l_____ (　)　9. o_____ (　)
10. p_____ (　)　11. s_____ (　)　12. w_____ (　)
13. w_____ (　)　14. w_____ (　)　15. w_____ (　)

a) 公園　　b) 芝生　　c) 着ている　　d) ジョギングする　　e) 飛ばす，揚げる
f) 同僚　　g) 書類　　h) 〜を持つ　　i) 〜を運ぶ　　j) 〜に向かって微笑む
k) 働く　　l) 歩く　　m) 事務所　　n) 手を振る　　o) 整理保存する

Pre-Listening

写真を描写するために使う語句や表現を **Vocabulary** を参考にして書きましょう。

woman, walk
_____
_____
_____
_____

Listening 1

音声を聞き，写真の描写として正しいと思うものに○，そうでないものに×，また判断できなかったものには△を書き入れましょう。　Ⓐ [　]　Ⓑ [　]　Ⓒ [　]　Ⓓ [　]

 人物1人が中心の写真については，その人が何をしているかを正しく選ぶために動詞に注意して聞き取ります。ほとんどは現在進行形 be 動詞＋〜ing で描写されます。work と walk，hold と fold などのような，動詞の発音の聞き取りが紛らわしいものが出題されることもありますので，組み合わせて覚えておくと良いでしょう。

8

Listening 2

もう一度音声を聞いて英文を完成させ，意味を確認しましょう。それぞれの描写が正しければ○，そうでなければ×を [　] に書き入れ，**Listening 1** の答えと比べてみましょう。

(A) The woman is (¹　　　　　) a suitcase.　　　　　[　]
(B) The woman is (²　　　　　) in the park.　　　　　[　]
(C) The woman is (³　　　　　) a bag.　　　　　　　[　]
(D) The woman is (⁴　　　　　) in the office.　　　　[　]

Exercises

Part 1: Choose the statement that best describes what you see in each picture.

写真描写のキーワードを予想して＿＿に書きましょう。
次に音声を聞き，最も適切な描写を１つ選んでマークしましょう。

1.

2.

3.

1. _man, talking, office_
　　　　　　　　　Ⓐ Ⓑ Ⓒ Ⓓ

2. _____
　　　　　　　　　Ⓐ Ⓑ Ⓒ Ⓓ

3. _____
　　　　　　　　　Ⓐ Ⓑ Ⓒ Ⓓ

Unit 1

Reading Section • Part 5　動詞の変化

Part 5 は英文の空所に適切な語を入れる問題です。文法，語彙問題，その複合問題もありますが，本書では頻出する文法項目を扱います。まずは基礎固めの要である「動詞」に取り組みましょう。

Warm-up

1 動詞の形の変化を覚えましょう。

　次の動詞の原形（原則として現在形と同じ）をそれぞれ過去形，過去分詞形，-ing 形に変化させてみましょう。さらに，主語が 3 人称単数（he, she, it など）の場合の現在形を書きましょう。

原形（現在形）	過去形	過去分詞形	-ing 形	主語が 3 人称単数の場合の現在形
come	came	come	coming	comes
have				
open				
sleep				
speak				
write				

be 動詞の活用

主語	原形	現在形	過去形	過去分詞形	-ing 形
I	be	am	was	been	being
we, you, they	be	are	were	been	being
he, she, it	be	is	was	been	being

2 正しい動詞の形の選び方：主語と時制

　空所前後の部分和訳を参考にして（　　）内に入れる正しい形の動詞を**1**の表から選んで書きましょう。またそれぞれの選び方のポイントについて正しいものを，下の（　）から選んで囲みましょう。

1. This is Kazuko. She (　　　　) my new assistant. 「新しいアシスタントです」
   ＊主語は she で，3 人称（ 単数 ／ 複数 ），現在の話。

2. Tracy (　　　　) Chinese very well. 「中国語を上手に話します」
   ＊主語は Tracy で，3 人称（ 単数 ／ 複数 ），（ 現在 ／ 過去 ）の能力の話。

3. The stores in this mall (　　　　) at 9:00 a.m. every day. 「毎日午前 9 時開店です」
   ＊主語は（ stores ／ mall ）で（ 複数 ／ 単数 ）。

4. The children (　　　　)(　　　　) in the car now. 「今，車の中で眠っています」
   ＊主語は（ 単数 ／ 複数 ），now は（ 進行中 ／ 過去 ）を示す。

5. We (　　　　) a welcome party for him yesterday. 「昨日，彼の歓迎会を催しました」
   ＊yesterday は（ 現在 ／ 過去 ）を示す。

6. Did Brenda (　　　　) a letter to her parents last night?
   「昨夜，両親に手紙を書きましたか」
   ＊last night は（ 現在 ／ 過去 ）を示す。疑問文なので did で始め動詞は（ 原形 ／ 過去形 ）。

Vocabulary

次の **Exercises** で使う語句です。正しい意味を下から選びましょう。

1. attend ( )   2. be supposed to ( )   3. both ( )
4. business card ( )   5. client ( )   6. exchange ( )
7. make an excuse ( )   8. leading ( )   9. manager ( )
10. meeting room ( )   11. product ( )   12. project ( )

a) 製品　　　　b) 言い訳をする　　c) 名刺　　　　d) 主要な
e) 顧客　　　　f) 会議室　　　　　g) 出席する　　h) 交換する
i) どちらも　　j) 企画　　　　　　k) 部長　　　　l) 〜することになっている

Exercises

Part 5: Choose the best answer to complete each sentence.

1. TECH Inc. and BIO Inc. ___ both leading IT companies in our country.
   (A) was
   (B) is
   (C) be
   (D) are

2. The members of the project ___ attend a meeting once a week.
   (A) be supposed to
   (B) was supposed to
   (C) is supposed to
   (D) are supposed to

3. Jack, one of our coworkers, often ___ excuses for coming late.
   (A) make
   (B) makes
   (C) making
   (D) is made

4. The manager is now ___ the new product ideas with his staff in the meeting room.
   (A) discuss
   (B) discusses
   (C) discussing
   (D) discussed

5. Mr. Okada ___ business cards with his client when they met for the first time.
   (A) exchanges
   (B) exchanged
   (C) exchanging
   (D) exchange

1. Ⓐ Ⓑ Ⓒ Ⓓ
2. Ⓐ Ⓑ Ⓒ Ⓓ
3. Ⓐ Ⓑ Ⓒ Ⓓ
4. Ⓐ Ⓑ Ⓒ Ⓓ
5. Ⓐ Ⓑ Ⓒ Ⓓ

Key 1. 主語の数に注意します。2. 主語がどれかを確認します。3. 副詞 often が間に入っても，動詞の形は主語で決まります。4. 時制を示す語が空所の前にあります。5. 時制を示す語は，後半 when の節の中にあります。

☞ Workout は p13 へ

Unit 1 — Listening Section • Workout: Part 1

Step 1: 音声を聞いて英文を完成させ，意味の確認をしましょう。
Step 2: 最も適切な写真描写を書き写し，意味を完成させましょう。

1.

(A) The man is (^{1}) to (^{2}).
(B) The man is (^{3}) at a (^{4}).
(C) The man is (^{5}) a (^{6}).
(D) The man is (^{7}) with his (^{8}).

Best Description: The man is _____

（訳） 男性は ／ _____ をしている ／ _____

2.

(A) A child is (^{1}) down the (^{2}).
(B) A child is (^{3}) his (^{4}).
(C) A child is (^{5})(^{6}).
(D) A child is (^{7}) on the (^{8}).

Best Description: _____

（訳） 子供は ／ _____ ／ _____

3.

(A) The woman is (^{1}) some (^{2}).
(B) The woman is (^{3}) some (^{4}).
(C) The woman is (^{5}) on the (^{6}).
(D) The woman is (^{7}) at the (^{8}).

Best Description: _____

（訳） 女性は ／ _____ ／ _____

✧✧✧✧✧✧✧✧✧✧✧✧✧✧✧✧✧✧✧✧✧✧✧✧✧✧✧

Step 3: ①音声と同時に音読しましょう。ポーズ（5秒）で正しい描写の英文をもう一度読みましょう。
②英文を見ないで音声を聞きながら音読しましょう。（シャドーイング）

音読回数記録：①音声と同時に音読１コマ　②シャドーイング２コマ

1	2	3	4	5	6	7	8	9	10
11	12	13	14	15	16	17	18	19	20

Reading Section • Workout: Part 5

Step 1: 英文を見ないで語句をリピートしましょう。
　　　　①リピート　②一語遅れリピート（ラギング）

- -

Step 2: 音声を聞いて下の英文の空所に語句を書き入れ，完成させましょう。
Step 3: 英語の語順にあわせて下線部分に訳を書きましょう。

1. TECH Inc. and BIO Inc. (¹　　　　　) both / (²　　　　　) IT companies /
   テックとバイオはどちらも / ＿＿＿＿＿＿＿＿＿＿ なIT企業です /

   in our country. //
   ＿＿＿＿＿＿ で。//

2. The members of the (¹　　　　) / (²　　　　)(³　　　　)(⁴　　　　) attend /
   その ＿＿＿＿＿＿＿＿＿ のメンバーは / ＿＿＿＿＿＿＿＿＿＿＿ ことになっている /

   a meeting / once a (⁵　　　　). //
   ＿＿＿＿＿ に / ＿＿＿＿＿ に1回。//

3. Jack, one of our (¹　　　　), / often (²　　　　) excuses /
   ジャックは私たちの ＿＿＿＿＿ の1人であるが, / しばしば ＿＿＿＿＿ をする /

   for coming (³　　　　). //
   ＿＿＿＿＿＿ 来ることの。//

4. The manager is now (¹　　　　) / the new (²　　　　) ideas /
   ＿＿＿＿＿＿ は今，話し合っている / 新しい ＿＿＿＿＿ のアイデアについて /

   with his (³　　　　) / in the meeting room. //
   ＿＿＿＿＿＿ とともに / ＿＿＿＿＿＿ で。//

5. Mr. Okada (¹　　　　) business cards / with his (²　　　　) /
   岡田氏は ＿＿＿＿＿ の ＿＿＿＿＿ をした / ＿＿＿＿＿＿ と /

   when they (³　　　　) for the first time. //
   初めて ＿＿＿＿＿＿ ときに。//

- -

Step 4: 意味を確認しながら，音読しましょう。
　　　　①音声と同時に音読　②英文を見ないで音声を聞きながらシャドーイング

音読回数記録：①音声と同時に音読1コマ　②シャドーイング2コマ

1	2	3	4	5	6	7	8	9	10
11	12	13	14	15	16	17	18	19	20

Unit 2

Listening Section • Part 2　疑問詞を使う問いかけ

Part 2は「応答問題」です。問いかけとその応答を全て聞き，正しい応答を判断します。
このUnitでは，What, Whoなどの「疑問詞」で始まる問いかけ文を扱います。

Warm-up

Vocabulary

音声を聞いて語句を書きましょう。最初の文字は示してあります。さらに，その語句の意味を選び（　）に記号を書きましょう。

1. a_____ ( )　2. a_____ ( )　3. e_____ ( )
4. h_____ ( )　5. m_____ ( )　6. m_____ ( )
7. o_____ ( )　8. p_____ ( )　9. p_____ ( )
10. r_____ ( )　11. s_____ ( )　12. t_____ ( )
13. u_____ ( )　14. v_____ ( )　15. y_____ ( )

a) 寺　　　　b) もちろん　c) 助手　　d) 会議　　e) 製品
f) 〜通り　　g) 発送する　h) 休暇　　i) 応接室　j) 値段が高い
k) メッセージ　l) 病院　　　m) 発表　　n) 昨日　　o) 普通

Key　Part 2の問いかけ文に対しては，文法が正しく意味がつながる応答文を選びます。主語や動詞の時制をあわせることも大切ですが，このUnitで扱う疑問詞を使う問いかけには，Yes/Noで答えない，という手がかりがあります。音声を聞く前に答えの選び方を練習しましょう。

Pre-Listening

次の質問文を訳し，適切な応答に○，適切でない応答に×をつけてみましょう。
また○×の判断に使うポイント【Key】について①②③から選び，【　】に書きましょう。

1. What do you usually have for breakfast?　　　　はふつう朝食に　　　を食べますか。
   [　] (A) Yes, I do.　　　　　　　　　[　] (B) She usually has a salad.
   [　] (C) Toast, eggs, and tea.　　　　　　　　【(A)　　(B)　　(C)　】
   【Key】①主語が合わない　②Yes/Noで答えている　③意味がつながっている

2. Who left this message?　_____
   [　] (A) That message.　　　　　　　[　] (B) Mr. Wright did.
   [　] (C) He does.　　　　　　　　　　　　　【(A)　　(B)　　(C)　】
   【Key】①意味がつながらない　②時制が合わない　③文法が正しく意味もつながっている

3. When will the new restaurant open?　_____
   [　] (A) No, it's new.　　　　　　　[　] (B) I'm not sure.
   [　] (C) On 7th avenue.　　　　　　　　　　【(A)　　(B)　　(C)　】
   【Key】①意味がつながらない　②Yes/Noで答えている　③「わからない」もつながる応答

14

4. Where is your office? _____
   [ ] (A) In that building.   [ ] (B) They are next to the hospital.
   [ ] (C) Yes, it is.   【(A)   (B)   (C)   】
   【Key】①主語が合わない　②Yes/Noで答えている　③意味がつながっている

5. Why is this bag so expensive? _____
   [ ] (A) No, this one.   [ ] (B) Because it's expensive.
   [ ] (C) It's made in Italy.   【(A)   (B)   (C)   】
   【Key】①意味がつながらない　②Yes/Noで答えている　③文法が正しく意味もつながっている

Listening 1

CDを聞き，応答として適切だと思うものに○，そうでないものに×，判断できなかったものには△を書き入れましょう。

1. Ⓐ [　] Ⓑ [　] Ⓒ [　]   2. Ⓐ [　] Ⓑ [　] Ⓒ [　]

Listening 2

もう一度音声を聞いて英文を完成させ，意味を確認しましょう。それぞれの応答が正しければ○，そうでなければ×を [　] に書き入れ，**Listening 1**の答えと比べてみましょう。また○×の判断のポイントを【Key】から選び，番号①〜④を【　】に書きましょう。

1. (¹　　　　　) are you planning to do this long (²　　　　　)?
   (A) (³　　　　　), I am.   [　]【　】
   (B) I'm going to (⁴　　　　　) temples in Nara.   [　]【　】
   (C) This is the (⁵　　　　　) of my vacation.   [　]【　】

2. (¹　　　　　) can I meet my new (²　　　　　)?
   (A) Of (³　　　　　) you can.   [　]【　】
   (B) She was in the (⁴　　　　　) room.   [　]【　】
   (C) Next (⁵　　　　　).   [　]【　】

【Key】①Yes/Noで答えている　②主語が合わない　③意味がつながらない
　　　　④文法が正しく意味もつながっている

Exercises

文頭の疑問詞に特に気をつけて，集中して聞きましょう。

Part 2: Choose the best response to each question.

1. Ⓐ Ⓑ Ⓒ   2. Ⓐ Ⓑ Ⓒ
3. Ⓐ Ⓑ Ⓒ   4. Ⓐ Ⓑ Ⓒ

15

 Workout は p18 へ

Unit 2

Reading Section • Part 5　動詞の形を決める要素

Unit 1に引き続き動詞の変化を確認した後，どのように使い分けるか更に検討しましょう。

Warm-up

1 動詞の形の変化を覚えましょう。

次の動詞の原形（原則として現在形と同じ）を過去形，過去分詞形，-ing 形に変化させましょう。また，主語が3人称単数（he, she, it など）の場合の現在形，未来を表す場合の形を書きましょう。

原形 （現在形）	過去形	過去分詞形	-ing 形	主語が3人称単数の場合の現在形	未来の表現
get	got	gotten/got	getting	gets	will get
hold					
leave					
show					
smoke					
be 動詞 (am/are)	was/were			is	will be

2 正しい動詞の形を決めるさまざまな要素

空所前後の部分和訳を参考にして（　）内に入れる正しい形の動詞を**1**の表から選んで書きましょう。またそれぞれの選び方のポイントについて正しいものを，下の（　）から選んで囲みましょう。

1. Please (　　　　　) me your résumé. 「履歴書を見せてください」

    ＊命令文の場合，動詞の形は（ 原形 ／ 過去形 ／ -ing 形 ）。

2. You may (　　　　　) here. 「ここでタバコをすっても良い」

    ＊助動詞の後の動詞の形は（ 原形 ／ 過去形 ／ -ing 形 ）。

3. Do you know when he (　　　　　) his apartment?

    「彼がいつ家を出るか知っていますか。」

    ＊「彼が家を出る」のは，（ 現在 ／ 未来 ）の話なので，（ 現在形 ／ 未来の表現 ）を使う。

4. I will open this letter when he (　　　　　) to the office.

    「彼がオフィスに到着したら，この手紙を開けます。」

    ＊未来の話でも，「〜するとき」，「〜したら」のような時や条件を表す副詞節の中では，
    （ 現在形 ／ 未来の表現 ）を使う。この節の中の主語はheで3人称（ 単数 ／ 複数 ）。

5. The farewell party (　　　　　)(　　　　　) by staff members last week.

    「送別会は，先週職員によって催されました」

    ＊「…によって〜される」という意味の受動態は，be 動詞＋（ 過去分詞形／-ing 形 ）。
    be 動詞の形は，主語（ 単数 ／ 複数 ）と，（ 現在 ／ 過去 ）を示す last week で決める。

Vocabulary

次の **Exercises** で使う語句です。正しい意味を下から選びましょう。

1. accountant   (　)　2. announce   (　)　3. appointment   (　)
4. book   (　)　5. branch office (　)　6. bunch   (　)
7. CEO   (　)　8. important   (　)　9. in advance   (　)
10. information   (　)　11. package   (　)　12. until   (　)

　　a) 発表する　　b) 経理係　　c) 小包　　　　d) 帳簿
　　e) 束　　　　　f) 重要な　　g) 〜まで　　　h) 最高経営責任者
　　i) 予約　　　　j) 情報　　　k) 支店　　　　l) 前もって

Exercises

Part 5: Choose the best answer to complete each sentence.

1. Ms. White will ___ a bunch of flowers to her mother next week.
   (A) sends
   (B) send
   (C) sent
   (D) sending

2. The books for this company ___ by two accountants.
   (A) kept
   (B) is kept
   (C) were kept
   (D) are keeping

3. I will ask Meg to wait in the branch office until the package ___.
   (A) arrived
   (B) arrives
   (C) will arrive
   (D) is arrived

4. Please ___ for an appointment one day in advance if possible.
   (A) call
   (B) calling
   (C) called
   (D) to call

5. The important information ___ by the CEO at the meeting tomorrow.
   (A) will announce
   (B) will be announcing
   (C) will announced
   (D) will be announced

1. Ⓐ Ⓑ Ⓒ Ⓓ
2. Ⓐ Ⓑ Ⓒ Ⓓ
3. Ⓐ Ⓑ Ⓒ Ⓓ
4. Ⓐ Ⓑ Ⓒ Ⓓ
5. Ⓐ Ⓑ Ⓒ Ⓓ

Key 1. 助動詞 will の後に来る動詞の形。2. 主語は何か，その主語が「する」のか「される」のか，判断します。3. package が届くのは未来のこと。ただし，until は副詞節を作ります。4. Please で始まる丁寧な命令文。命令文の動詞の形は。5. tomorrow で未来の話。主語は information で，それが「発表する」のか，「発表される」のかで動詞の形を決めます。

Unit 2　Listening Section • Workout: Part 2

Step 1: もう一度音声を聞いて英文を完成させ，問いかけ文の意味を完成させましょう。
Step 2: 最も適切な応答を書き写し，その意味を書きましょう。

1. (^{1}　　　　　) shipped / this (^{2}　　　　　) / last week?
　　_____ が発送しましたか / この _____ を / _____ 。

　(A) Yes, this (^{3}　　　　　).　　(B) I will order it next (^{4}　　　　　).
　(C) Ms. Lewis (^{5}　　　　　).

　Best response: _____
　　　（訳）_____

2. (^{1}　　　　　) does Mr. Belton want to (^{2}　　　　　) / you?
　　_____ ベルトンさんは _____ / あなたに。

　(A) (^{3}　　　　　), he will come soon.
　(B) To (^{4}　　　　　) about the new product.
　(C) In our meeting (^{5}　　　　　).

　Best response: _____
　　　（訳）_____

3. (^{1}　　　　　) did you think of / her (^{2}　　　　　)?
　　_____ どう思いましたか / 彼女の _____ を。

　(A) It was (^{3}　　　　　).　　(B) Yes, she did.
　(C) I (^{4}　　　　　) so, too.

　Best response: _____
　　　（訳）_____

4. (^{1}　　　　　) are / the (^{2}　　　　　) / we talked about / yesterday?
　　_____ ありますか / _____ は / 私たちが話していた / _____ 。

　(A) I don't know. Let's (^{3}　　　　　) Tom.
　(B) Sure, I'll (^{4}　　　　　) them away.
　(C) At (^{5}　　　　　).

　Best response: _____
　　　（訳）_____

Step 3: ①音声と同時に音読しましょう。ポーズ（5秒）で正答の英文をもう一度読みましょう。
　　　　　②英文を見ないで音声を聞きながら音読しましょう。（シャドーイング）

音読回数記録：①音声と同時に音読1回1コマ　②シャドーイング1回2コマ

1	2	3	4	5	6	7	8	9	10
11	12	13	14	15	16	17	18	19	20

Reading Section • Workout: Part 5

Step 1: 英文を見ないで語句をリピートしましょう。
　　　　①リピート　②一語遅れリピート（ラギング）

Step 2: 音声を聞いて下の英文の空所に語句を書き入れ，完成させましょう。
Step 3: 英語の語順にあわせて下線部分に訳を書きましょう。

1. Ms. White will (¹　　　　　) / a bunch of flowers to her mother /
   ホワイトさんは ＿＿＿＿＿ つもりです / お母さんに ＿＿＿＿＿ を /
   (²　　　　　) week. //
   ＿＿＿＿＿＿＿＿＿。//

2. The (¹　　　　) for this (²　　　　) / (³　　　　)(⁴　　　　) /
   その会社の ＿＿＿＿＿＿＿＿＿＿ は / つけられた /
   by two (⁵　　　　). //
   2人の ＿＿＿＿＿ によって。//

3. I will ask Meg / to (¹　　　　) in the (²　　　　) office /
   私がメグにお願いしておきます / ＿＿＿＿＿ で ＿＿＿＿＿ /
   (³　　　　) the package (⁴　　　　). //
   その ＿＿＿＿＿ が届くまで。//

4. Please (¹　　　　) for an (²　　　　) / one day in (³　　　　) /
   ＿＿＿＿＿ のための ＿＿＿＿＿ をしてください / ＿＿＿＿＿ 前に /
   if possible. //
   できるだけ。//

5. The (¹　　　　) information (²　　　　)(³　　　　)(⁴　　　　) /
   重要な ＿＿＿＿＿ が ＿＿＿＿＿ されることになっている /
   by the (⁵　　　　) / at the meeting tomorrow. //
   ＿＿＿＿＿ によって / 明日の ＿＿＿＿＿ で。//

Step 4: 意味を確認しながら，音読しましょう。
　　　　①音声と同時に音読　②英文を見ないで音声を聞きながらシャドーイング

音読回数記録：①音声と同時に音読 1 コマ　②シャドーイング 2 コマ										
1	2	3	4	5	6	7	8	9	10	
11	12	13	14	15	16	17	18	19	20	

Unit 3　Listening Section・Part 3　店頭での会話

Warm-up

Vocabulary

音声を聞いて語句を書きましょう。最初の文字は示してあります。さらに，その語句の意味を選び（　）に記号を書きましょう。

1. a_____ (　)　2. c_____ (　)　3. c_____ (　)
4. c_____ (　)　5. e_____ (　)　6. f_____ (　)
7. f_____ (　)　8. l_____ (　)　9. o_____ (　)
10. p_____ (　) 11. r_____ (　) 12. r_____ (　)
13. r_____ (　) 14. s_____ (　) 15. s_____ (　)

a) あちらに　　b) 顧客　　　c) 可能な　　d) ちょうど合う　e) いくつかの
f) 口座　　　　g) 予約　　　h) 型，デザイン　i) 用意ができて　j) 店員
k) 記入する　　l) 交換する　m) 衣料品　　n) クリーニング店　o) レシート

Key:「店頭での会話」は，ウエイター，店員，また従業員といった「店側の人」と「客」との対話となります。TOEICの会話問題でよく問われるポイントは①場所，②店側の人の職業，③客の希望，④トラブルの内容，⑤解決方法，などです。まずどこで，どんな人が話しているかを確実に聞き取るようにしましょう。

Listening 1

店頭での対話の一部を聞きましょう。それぞれの会話を始めたのは誰か，またその場所を選びましょう。

1. First speaker: Ⓐ Waiter　　Ⓑ Customer
   Place: Ⓐ At a train station　Ⓑ At a restaurant　Ⓒ At a food market

2. First speaker: Ⓐ Clerk　　Ⓑ Customer
   Place: Ⓐ At a laundry　Ⓑ At a shoe shop　Ⓒ At a clothing shop

3. First speaker: Ⓐ Clerk　　Ⓑ Customer
   Place: Ⓐ At a post office　Ⓑ At a coffee shop　Ⓒ At a clothing shop

4. First speaker: Ⓐ Clerk　　Ⓑ Customer
   Place: Ⓐ At a bank　Ⓑ At a video shop　Ⓒ At a hotel

5. First speaker: Ⓐ Clerk　　Ⓑ Customer
   Place: Ⓐ At a bank　Ⓑ At an airport　Ⓒ At a hotel

Listening 2

もう一度音声を聞いて英文を完成させましょう。また，会話を始めた人と会話の場所について書き込み，**Listening 1** の答えと比べてみましょう。

1. M: Are you all (　　　　)?　　　　　　　　　　　男性: Ⓐ Waiter　Ⓑ Customer
   W: Yes. I'll have the salmon for the (　　　　) course. 場所: ＿＿＿＿＿＿＿＿＿＿

2. W: I'd like this suit dry - (　　　　).　　　　　　女性: Ⓐ Clerk　Ⓑ Customer
   M: Certainly. It will be (　　　　) in two days. 場所: ＿＿＿＿＿＿＿＿＿＿

3. M: Can I (　　　　) you?　　　　　　　　　　　　男性: Ⓐ Clerk　Ⓑ Customer
   W: I like this skirt. Do you have any (　　　　) sizes? 場所: ＿＿＿＿＿＿＿＿＿＿

4. W: I'd like to open an (　　　　).　　　　　　　　女性: Ⓐ Clerk　Ⓑ Customer
   M: Certainly. Would you (　　　　) out this form first? 場所: ＿＿＿＿＿＿＿＿＿＿

5. M: I have a (　　　　) for a single room.　　　　　男性: Ⓐ Clerk　Ⓑ Customer
   W: May I have your (　　　　), sir? 場所: ＿＿＿＿＿＿＿＿＿＿

＊ TOEIC 形式の設問の意味をすばやく確認するための練習です。区切りごとに訳してみましょう。

1. Where / does this conversation / most likely take place?
   どこで / ＿＿＿＿＿＿＿＿＿ が / おそらく行われているか。

2. What / does the man ask / the woman / to show?
   ＿＿＿＿＿＿ を / 男性は求めたか / 女性に / ＿＿＿＿＿＿ ように。

3. What / will the woman / probably do / next?
   ＿＿＿＿＿＿ を / 女性は / おそらくするか / ＿＿＿＿＿＿ に。

Exercises

1. Where does this conversation most likely take place?
   (A) At a restaurant
   (B) At a bank
   (C) At a clothing shop
   (D) At a shoe shop

2. What does the man ask the woman to show?
   (A) An ID
   (B) A photo
   (C) A receipt
   (D) A ticket

3. What will the woman probably do next?
   (A) Try on a suit
   (B) Go to a bank
   (C) Meet her staff
   (D) Go to a fitness club

1. Ⓐ Ⓑ Ⓒ Ⓓ
2. Ⓐ Ⓑ Ⓒ Ⓓ
3. Ⓐ Ⓑ Ⓒ Ⓓ

Unit 3

Reading Section • Part 6　動詞にからむ補充

Part 6 は，空所のある文書を完成させる問題です。文法や語彙の問題で，空所のある文だけで適切な語句を選ぶことができる問題については Part 5 と同様に解くことができますが，Part 6 の特徴として前後の文も参考にして判断する問題もあります。

この Unit では，Unit 1, 2 の Reading section で学んだ「動詞の形とそれを決める要素」を復習し，簡潔な「ビジネスレター」で Part 6 形式の動詞にからむ補充問題を解いていきます。

Warm-up

1 動詞の形の決め方を復習しましょう。

1. Ms. White (teach / teaches / taught) Spanish on Mondays.
2. The tickets for the concert (was / were) sold out.
3. Please (keep / kept / keeping) this manual for future reference.
4. Dr. Harris will (comes / come / came) back soon.

＊以下の２つの文は関連した内容です。１文目の時制を確認して２文目を完成させましょう。

5. We (hold / held) a farewell party last weekend. Mr. Baker (will make / makes / make / made) a speech at the end of the party.

2 ビジネスレターの基本形式

ビジネスレターの一例です。以下の項目を正しい位置に書き込みましょう。

[Andrew Smith / Great Foods / Manager, Sales Department / April 20 / Mary West]

---

① _____ （日付）

② _____ （受取人）

1010 Bells Ave. （住所）

Dear Ms. West, （あて名）

　I attended the Managers' Conference on April 15 and I enjoyed your lectures, ...
　I look forward to hearing from you soon.

Sincerely,

③ _____ （差出人）

④ _____ （肩書，所属）

⑤ _____ （社名）

Vocabulary

次の **Exercises** で使う語句です。正しい意味を下から選びましょう。

1. appreciate ( ) 2. beneficial ( ) 3. conference ( )
4. copy ( ) 5. department ( ) 6. during ( )
7. enjoy ( ) 8. especially ( ) 9. look forward to ( )
10. management ( ) 11. material ( ) 12. refer to ( )

a) 〜の間　　b) 管理　　c) 有益な　　d) 楽しむ
e) 感謝する　f) 楽しみにする　g) 会議　　h) 部
i) 言及する　j) 〜部，〜冊　k) 特に　　l) 資料

Exercises

Part 6: Select the best answer to complete the text.

Questions 1-3 refer to the following letter.

April 20
Mary West
1010 Bells Ave.

Dear Ms. West,

I attended the Managers' Conference on April 15 and I enjoyed your lectures, especially the one on time management. I would appreciate it if you could _____ me a copy of

1. (A) send
   (B) sends
   (C) sent
   (D) sended   Ⓐ Ⓑ Ⓒ Ⓓ

the materials that you _____ to during your presentation. Your ideas about time

2. (A) will refer
   (B) refers
   (C) referred
   (D) referring   Ⓐ Ⓑ Ⓒ Ⓓ

management _____ beneficial for everyone in our department.

3. (A) is
   (B) was
   (C) are
   (D) being   Ⓐ Ⓑ Ⓒ Ⓓ

Thank you for your time. I look forward to hearing from you soon.

Sincerely,

Andrew Smith
Manager, Sales Department
Great Foods

---

1. 助動詞 could の後に来る動詞の形。2. presentation はいつ行われたかで時制が決まります。
3. 主語は何か，単数か複数か，で判断します。

Unit 3 — Listening Section • Workout: Part 3

Step 1: もう一度音声を聞いて英文を完成させましょう。
Step 2: 英語の語順にあわせて下線部分に訳を書きましょう。

Woman: Good morning. // I (¹   ) this suit / here / (²   ) week. //
おはようございます。// 私はこのスーツを _____ / ここで / _____ 。//

I like this (³   ), / but / it doesn't quite (⁴   ). //
_____ は気に入っています / でも / どうも体に _____ のです。//

I should have / (⁵   ) it on / before I (⁶   ) it. //
しておけばよかったです / _____ を / _____ 前に。//

Is it possible to / (⁷   ) it / for a (⁸   ) one? //
できますか / _____ が / _____ ものと。//

Man: Sure. // Do you have / the (⁹   ) with you? //
かしこまりました。// お持ちですか / _____ を。//

Woman: Yes, (¹⁰   ) it is. //
ええ，これです。//

Man: Thank you. // We have several (¹¹   ) / in this style, /
ありがとうございます。// いくつか _____ がございます / この _____ で /

so / I'm sure you can (¹²   ) / the (¹³   ) one. //
ですから / きっと _____ でしょう / お客様に _____ ものが。//

The (¹⁴   ) room is over there. // Please (¹⁵   ) your time. //
_____ はあちらでございます。// ごゆっくりどうぞ。//

Step 3: Exercises (p.21) の選択肢のうち，正しい答えを書き写しましょう。

1. Where does this conversation most likely take place?
   Answer: _____

2. What does the man ask the woman to show?
   Answer: _____

3. What will the woman probably do next?
   Answer: _____

Step 4: 意味を確認しながら，音読しましょう。ポーズ（8秒）で正答の英文を読みましょう。
①音声と同時に音読　②英文を見ないで音声を聞きながらシャドーイング

音読回数記録：①音声と同時に音読 1 コマ　②シャドーイング 2 コマ

1	2	3	4	5	6	7	8	9	10
11	12	13	14	15	16	17	18	19	20

Reading Section • Workout: Part 6

Step 1: 英文を見ないで語句をリピートしましょう。
　　　　①リピート　②一語遅れリピート（ラギング）

Step 2: 音声を聞いて下の英文の空所に語句を書き入れ，完成させましょう。
Step 3: 英語の語順にあわせて下線部分に訳を書きましょう。

Dear Ms. West, ウエスト様

I (1　　　　　　　) / the Managers' Conference / on April 15 / and I (2　　　　　　　) /
私は＿＿＿＿＿＿しました / 管理者会議に / ＿＿＿＿＿＿月15日の / そして楽しみました /

your (3　　　　　　　), / especially the one on (4　　　　　　　)(5　　　　　　　). //
あなたの＿＿＿＿＿＿を / 特に＿＿＿＿＿＿＿＿＿＿＿＿管理についての。//

I would (6　　　　　　　) it / if you could (7　　　　　　　) me /
ありがたく存じます / 私に＿＿＿＿＿＿＿＿していただければ /

a (8　　　　　　　) of the materials / that you (9　　　　　　　) to /
＿＿＿＿＿＿＿＿を一部 / あなたが＿＿＿＿＿＿＿＿していた /

during your (10　　　　　　　). // Your (11　　　　　　　) / about time management /
＿＿＿＿＿＿＿＿の間に。// あなたの意見は / ＿＿＿＿＿＿＿＿＿＿＿についての /

(12　　　　　　　) beneficial / for everyone in our (13　　　　　　　). //
＿＿＿＿＿＿＿＿です / 私たちの＿＿＿＿＿＿全員にとって。//

Thank you for your (14　　　　　　　). //
お時間を頂き＿＿＿＿＿＿＿＿＿＿。//

I look (15　　　　　　　) to / hearing from you soon. //
＿＿＿＿＿＿＿＿にしております / ご連絡を。//

Sincerely, /
Andrew Smith //
敬具 / アンドリュー・スミス //

Step 4: 意味を確認しながら，音読しましょう。
　　　　①音声と同時に音読　②英文を見ないで音声を聞きながらシャドーイング

音読回数記録：①音声と同時に音読1コマ　②シャドーイング2コマ										
1	2	3	4	5	6	7	8	9	10	
11	12	13	14	15	16	17	18	19	20	

25

Unit 4

Listening Section • Part 4　案内放送

Warm-up

Vocabulary

音声を聞いて語句を書きましょう。最初の文字は示してあります。さらに，その語句の意味を選び（　）に記号を書きましょう。

1. a_____ (　)　2. b_____ (　)　3. b_____ (　)
4. c_____ (　)　5. i_____ (　)　6. l_____ (　)
7. m_____ (　)　8. p_____ (　)　9. r_____ (　)
10. r_____ (　) 11. r_____ (　) 12. r_____ (　)
13. r_____ (　) 14. s_____ (　) 15. v_____ (　)

a) チケット売り場　b) 報告する　c) 在庫一掃　d) 思い出させる　e) 娯楽
f) （条件を）満たす　g) 書店　h) 推薦する　i) 電源を切る　j) 乗客
k) 旅程変更をする　l) クーポン券　m) 必要条件　n) 荒れ模様の　o) 図書館

Key　案内放送とは，空港や駅などの交通機関，またデパートや遊園地など公共の場で放送されるお知らせのことです。放送内容の流れについていくために，まずは場所をイメージし，その後に聞こえてくる放送の目的を聞き取りましょう。

Listening 1

さまざまな案内放送の一部を聞いて，放送されている場所を選びましょう。

1. Ⓐ In a store　　　　Ⓑ In a library　　　Ⓒ In a hospital
2. Ⓐ On a train　　　Ⓑ On an airplane　　Ⓒ In a movie theater
3. Ⓐ On a train　　　Ⓑ At an airport　　　Ⓒ In a movie theater
4. Ⓐ In a library　　 Ⓑ In a bookstore　　Ⓒ In a video shop
5. Ⓐ In a gym　　　 Ⓑ On an airplane　　Ⓒ At an amusement park

Listening 2

もう一度音声を聞いて英文を完成させましょう。それぞれの場所について下線に記入し，Listening 1 の答えと比べてみましょう。さらに放送の目的を選びましょう。

1. Attention, (　　　　　　)! Billy's Department (　　　　　　) is having a summer (　　　　　　)(　　　　　　).

   場所：_____
   目的：Ⓐ スタッフの紹介　Ⓑ セールの案内　Ⓒ 夏休みのお知らせ

2. Ladies and gentlemen, today's first (　　　　　　) will start (　　　　　　) five minutes. Please switch (　　　　　　) your (　　　　　　)(　　　　　　).

   場所：_____
   目的：Ⓐ プログラムの紹介　Ⓑ 新機種の案内　Ⓒ 携帯電話電源オフのお願い

26

3. Attention, (　　　　　). (　　　　　　　) 006 to Heathrow will be
   (　　　　　　　) due to heavy (　　　　　　).

   場所：_____

   目的：Ⓐ スタッフのあいさつ　　Ⓑ 行き先の変更　　Ⓒ 出発便の遅れと原因

4. I'd like to (　　　　　　) everyone that (　　　　　　) you have been reading
   should be (　　　　　　) to the counter on the first floor by (　　　　　　).

   場所：_____

   目的：Ⓐ 本の返却時間案内　　Ⓑ 新刊書籍の案内　　Ⓒ メンバー登録案内

5. This is a roller coaster-type (　　　　　　). Persons who do not meet the
   minimum (　　　　　　) requirement may not (　　　　　　).

   場所：_____

   目的：Ⓐ 新アトラクション紹介　　Ⓑ 運動器具の使用説明　　Ⓒ 身長制限のお知らせ

＊ TOEIC 形式の設問の意味をすばやく確認するための練習です。区切りごとに訳してみましょう。

1. Where / is this announcement / most likely / heard?

   _____で / _____が / おそらく / 聞かれるか。

2. What / is the purpose / of the announcement ?

   _____か / _____は / 放送の。

3. What / will some passengers / probably do / tonight?

   _____を / 何人かの _____は / おそらくするか / 今夜。

Exercises

PART 4: You will hear an announcement. Select the best answer to each question.

1. Where is this announcement most likely heard?

   (A) At a bank
   (B) At an airport
   (C) At a hotel
   (D) At a box office

2. What is the purpose of the announcement?

   (A) To announce the cancellation of the flight
   (B) To announce a flight delay
   (C) To inform of the weather in Seattle
   (D) To recommend a hotel nearby

3. What will some passengers probably do tonight?

   (A) Stay in Boston
   (B) Stay in Seattle
   (C) Go to Logan Airport
   (D) Go to the US

1. Ⓐ Ⓑ Ⓒ Ⓓ
2. Ⓐ Ⓑ Ⓒ Ⓓ
3. Ⓐ Ⓑ Ⓒ Ⓓ

Unit 4

Reading Section • Part 7　公共施設の掲示文

Part 7 は読解問題です。日常からビジネス関連までの内容で，手紙，Ｅメール，記事，掲示，図表などが設問とともに出題されます。限られた時間内で量の多い英文と向き合う Part 7 は TOEIC の中でも難しいと思われますが，頻出表現，文書形式の特徴と定番の流れ，設問のパターンなどを把握しておくことにより，正解にたどり着くことができます。少しずつ得意分野を増やしていきましょう。この Unit では，比較的読み易い掲示文を扱います。

Warm-up

1　掲示文に頻出する語彙・表現

掲示の文は，情報や指示がすばやくはっきりと伝わるように，短いタイトルをつけたり，「命令文」で表現したり，許可，禁止などを表す「助動詞」を多く使ったりします。意味を選びましょう。

1. Attention Members　(　)　2. Visit our website　(　)　3. Pool Closure　(　)
4. Join us again on June 10!　(　)
5. You may not swim in the pool starting June 5.　(　)
6. It will be closed for maintenance.　(　)

　　a) プールの閉鎖　　b) ウェブサイトをご覧下さい　　c) 6月5日からプールの使用ができません
　　d) メンバーの皆様　　e) 6月10日にまたどうぞ　　f) 点検のため閉鎖されます

2　文書の形式と流れ

掲示の一例です。**1** の表現 1.〜4. の英文を下の掲示の正しい位置に書き込みましょう。

　　　　　　　　　City Pool and Fitness　←掲示した人や団体

　① _____　←トピック（最も伝えたい掲示の要点）

　② _____　← 掲示を見る対象者へ呼びかけ

・You may not swim in the pool starting June 5. It will be closed for maintenance.
　　　　　　　　　　　　　　　　　　　　　　　　　　　　　　　　　　↑
・③ _____　← 具体的な内容
　　　　　　　　　　　　　　　　　　　　　　　　　　　　　　　　　　↓
問い合わせ先 → For more information, ④ _____

3　設問パターンと答えの探し方：「対象者」「目的」「具体的な内容」

掲示文ではそのお知らせの「対象者」や「目的」，また「具体的な内容」がよく問われます。以下の設問の訳を完成させ，その答えを **2** の掲示文から探して①〜④の番号を書きましょう。

1. For whom is the notice intended?　　このお知らせは　　　　　を対象としているか　　[　　]
2. What is the purpose of the notice?　　このお知らせの　　　　　は何か　　　　　　　　[　　]
3. When will the pool be reopened?　　　　　　　プールは再開されるか　　　　　　　　[　　]

Vocabulary

次の **Exercises** で使う語句です。正しい意味を下から選びましょう。

1. admission ( )　2. allowed ( )　3. designated ( )
4. disturb ( )　5. device ( )　6. issue ( )
7. property ( )　8. regulation ( )　9. fine ( )
10. silent mode ( )　11. upon request ( )　12. valid ( )

a) 認められている　b) 請求があるときに　c) 発行　d) 有効な
e) 所有物　f) 迷惑をかける　g) 入館　h) 機器
i) 指定された　j) マナーモード　k) 罰金　l) 規則

Exercises

Part 7: Select the best answer for each question.
Questions 1-3 refer to the following notice.

Peace Community Library (PCL)
Regulations
Attention Library Users

① Admission to the Library
　・You must have a valid PCL Identity Card.*
　・Such Identification must be your own.
　・You must show it in the Library upon request by Library staff.
② Use of the Library
　・Do not disturb other Library users.
　・Your mobile devices must be in silent mode, including key clicks.
　・Food and drinks are allowed only in designated areas.*
　・Reading areas may not be reserved.
　・Any damage to Library property will result in fines.

*For more information, including ID issue and food areas, visit www.pcl.com/users/

---

1. For whom is the notice intended?
   (A) Library staff
   (B) Library owners
   (C) Library visitors
   (D) Librarians

2. What is the main purpose of this notice?
   (A) To describe the community
   (B) To explain some important rules
   (C) To reserve a seat for reading
   (D) To ask about any damage to Library property

3. According to the notice, how can a user get information about food areas?
   (A) By reading regulations
   (B) By asking other users
   (C) By issuing an ID card
   (D) By going to the website

Unit 4

Listening Section • Workout: Part 4

Step 1: もう一度音声を聞いて英文を完成させましょう。

Step 2: 英語の語順にあわせて下線部分に訳を書きましょう。

To all (¹_____) / for US Flight 36 / to Boston. //
乗客の皆様 / US _____ 便 / _____ 行きの。 //

Due to (²_____) weather / in the Boston (³_____), /
_____ のため / ボストン _____ の /

all (⁴_____) to Logan Airport / have been (⁵_____). //
ローガン空港行きの全ての _____ は / _____ となりました。 //

Passengers are (⁶_____) / to (⁷_____) /
皆様に _____ います / _____ ことを /

to the US check-in (⁸_____) / to arrange for (⁹_____). //
US _____ カウンターに / _____ を _____ するために。 //

Passengers / wishing to stay (¹⁰_____) / in (¹¹_____) / will be given /
皆様の中で / _____ したい方は / _____ で / 入手できます /

hotel (¹²_____). //
ホテルの _____ を。 //

We (¹³_____) / for this (¹⁴_____). // Thank you. //
お詫び致します / このような _____ になりましたことを。 // ありがとうございました。 //

Step 3: Exercises (p.27) の選択肢のうち，正しい答えを書き写しましょう。

1. Where is this announcement most likely heard?
   Answer: _____

2. What is the purpose of the announcement?
   Answer: _____

3. What will some passengers probably do tonight?
   Answer: _____

Step 4: 意味を確認しながら，音読しましょう。ポーズ (8秒) で正答の英文を読みましょう。
①音声と同時に音読　②英文を見ないで音声を聞きながらシャドーイング

音読回数記録：①音声と同時に音読 1 コマ　②シャドーイング 2 コマ										
1	2	3	4	5	6	7	8	9	10	
11	12	13	14	15	16	17	18	19	20	

Reading Section • Workout: Part 7

Step 1: 英文を見ないで語句をリピートしましょう。
　　　　①リピート　②一語遅れリピート（ラギング）

Step 2: 音声を聞いて下の英文の空所に語句を書き入れ，完成させましょう。
Step 3: 英語の語順にあわせて下線部分に訳を書きましょう。

① Admission to the Library
　　図書館の＿＿＿＿＿＿について

・You must have / a (1　　　　　) PCL Identity Card. //
　持っていなければなりません / ＿＿＿＿＿＿な PCL 発行の ＿＿＿＿＿＿を。//

・Such Identification / must be your (2　　　　　). //
　その ＿＿＿＿＿＿は / ＿＿＿＿＿＿自身のものでなければなりません。//

・You must (3　　　　　) it / in the Library / upon (4　　　　　) by Library staff. //
　それを ＿＿＿＿＿＿なければなりません / ＿＿＿＿＿＿で / スタッフの ＿＿＿＿＿＿があるときは。//

② Use of the Library
　　図書館の＿＿＿＿＿＿について

・Do not (5　　　　　) / other Library users. //
　＿＿＿＿＿＿をかけないで下さい / 他の ＿＿＿＿＿＿。//

・Your (6　　　　　) devices / must be in silent mode, /
　携帯 ＿＿＿＿＿＿は / ＿＿＿＿＿＿にして下さい /

　including key (7　　　　　). //
　キーの ＿＿＿＿＿＿を含めて。//

・Food and drinks are (8　　　　　) / only in (9　　　　　)(10　　　　　). //
　＿＿＿＿＿＿は認められています / ＿＿＿＿＿＿された場所だけで。//

・Reading (11　　　　　) / may not be (12　　　　　). //
　読書の ＿＿＿＿＿＿は / ＿＿＿＿＿＿できません。//

・Any (13　　　　　) to Library (14　　　　　) / will result in (15　　　　　). //
　図書館の ＿＿＿＿＿＿を傷つけると /（結果として）＿＿＿＿＿＿の対象となります。//

Step 4: 意味を確認しながら，音読しましょう。
　　　　①音声と同時に音読　②英文を見ないで音声を聞きながらシャドーイング

音読回数記録：①音声と同時に音読 1 コマ　②シャドーイング 2 コマ

1	2	3	4	5	6	7	8	9	10
11	12	13	14	15	16	17	18	19	20

Unit 5

Listening Section • Part 1　物の様子や位置

建物や乗物，家具や屋内にある備品など大きさもさまざまな物の描写では，それが「何」で「どんな様子」か，また「どこにある」か，を表現できるようにしましょう。

Warm-up

Track 28　T-CD 36

Vocabulary

音声を聞いて語句を書きましょう。最初の文字は示してあります。さらに，その語句の意味を選び（　　）に記号を書きましょう。

1.	b ________	(　)	2.	b ________	(　)	3.	c ________	(　)
4.	d ________	(　)	5.	e ________	(　)	6.	l ________	(　)
7.	l ________	(　)	8.	o ________	(　)	9.	p ________	(　)
10.	p ________	(　)	11.	p ________	(　)	12.	r ________	(　)
13.	r ________	(　)	14.	v ________	(　)	15.	y ________	(　)

a)（像を）映す	b) 庭	c) 地元の	d) 走る	e) 橋
f) 展示する	g) 駐車する	h) 布	i) 植える	j) 農作物
k) 高速道路	l) かご	m) 列	n) 乗物	o) 戸外で

Pre-Listening

写真を描写するために使う語句や表現を **Vocabulary** を参考にして書きましょう。

____

____

____

____

____

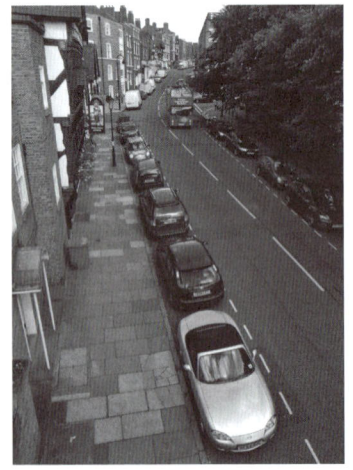

Listening 1

Track 29　T-CD 37

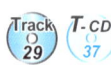

音声を聞き，写真の描写として正しいと思うものに○，そうでないものに×，また判断できなかったものには△を書き入れましょう。

Ⓐ [　　]　Ⓑ [　　]　Ⓒ [　　]　Ⓓ [　　]

Key

物が中心の写真については，その物の様子（特徴や状態）や位置についての描写が主となります。多くは様子，位置の両方を一文で描写しますので，「どんな様子か」「どこか」のそれぞれを聞き取る練習をしましょう。様子については受動態（be 動詞＋過去分詞），位置の描写には前置詞（p.34 参照）が多く使われます。またこの写真のように人物が写っていなければ，People で始まるような人物の描写は不正解，とすぐに判断できます。

Listening 2

もう一度音声を聞いて英文を完成させ，意味を確認しましょう。それぞれの描写が正しければ○，そうでなければ×を［　］に書き入れ，Listening 1 の答えと比べてみましょう。

(A) Cars are (¹　　　　　　) on the expressway.　　　　　[　]
(B) Trees are (²　　　　　　) in the yard.　　　　　　　[　]
(C) People are (³　　　　　　) on the bus.　　　　　　　[　]
(D) Vehicles are (⁴　　　　　　) in a line.　　　　　　　[　]

Exercises

Part 1: Choose the statement that best describes what you see in each picture.

写真描写のキーワードを予想して＿＿＿に書きましょう。
次に音声を聞き，最も適切な描写を1つ選んでマークしましょう。

1.

2.

3.

1. ＿＿chair,＿＿＿＿＿＿＿＿＿＿＿＿＿＿＿＿＿
　＿＿＿＿＿＿＿＿＿＿＿＿＿＿＿＿＿＿＿＿＿＿
　　　　　　　　　　　　　　Ⓐ　Ⓑ　Ⓒ　Ⓓ

2. ＿＿＿＿＿＿＿＿＿＿＿＿＿＿＿＿＿＿＿＿＿＿
　＿＿＿＿＿＿＿＿＿＿＿＿＿＿＿＿＿＿＿＿＿＿
　　　　　　　　　　　　　　Ⓐ　Ⓑ　Ⓒ　Ⓓ

3. ＿＿＿＿＿＿＿＿＿＿＿＿＿＿＿＿＿＿＿＿＿＿
　＿＿＿＿＿＿＿＿＿＿＿＿＿＿＿＿＿＿＿＿＿＿
　　　　　　　　　　　　　　Ⓐ　Ⓑ　Ⓒ　Ⓓ

33

Unit 5

Reading Section • Part 5　時と場所の前置詞

前置詞は名詞や代名詞の前におく語で，他の語との関係をはっきりさせ意味をつなげます。「前置詞＋名詞」のセット（フレーズ）で意味と一緒に覚えて，使いやすくしておきましょう。

Warm-up

1 基本的な前置詞の意味

役割と意味に対応する前置詞を [　] から選び，できたフレーズの意味を右に書きましょう。

1. 時に関わる前置詞 [until, since, in, at, over, for, on, during, by]

   ① ___at___　　seven o'clock / midnight 「〜に」(時刻，時の一点)　　___7時に／真夜中に___
   ② _____　　Monday / July 5 「〜に」(曜日，日付)　　_____
   ③ _____　　May / spring / 2020 「〜に」(月，季節，年)　　_____
   ④ _____　　two hours / five years 「〜間」(期間の長さ)　　_____
   ⑤ _____　　the winter / the movie 「〜の間」(特定の期間)　　_____
   ⑥ _____　　nine o'clock / yesterday 「〜からずっと」(過去のある時以来)　　_____
   ⑦ _____　　the last ten years 「〜にわたって」(ある長さの期間)　　_____
   ⑧ _____　　midnight / next Monday 「〜までずっと」(継続)　　_____
   ⑨ _____　　tomorrow / the end of the month 「〜までに」(期限)　　_____

2. 場所に関わる前置詞 [among, for, over, at, in, between, on, above, along]

   ① ___at___　　the station / the front desk 「〜で」(地点)　　___駅で／フロントで___
   ② _____　　Tokyo / the office 「〜で」(空間，内部)　　_____
   ③ _____　　the table / the wall 「〜の上に」「〜に」(接触)　　_____
   ④ _____　　the desk / the house 「〜の上に」(離れた真上に)　　_____
   ⑤ a bridge _____ the river 「〜の上に」(覆うように上に)　　_____
   ⑥ _____　　the two houses 「(2つの) 〜の間に」　　_____
   ⑦ _____　　the students 「(3つ以上の) 〜の間に」　　_____
   ⑧ _____　　the street / the river 「〜に沿って」(方向)　　_____
   ⑨ leave _____ Paris 「〜へ，〜に向かって」(目的地)　　_____

3. その他の重要な前置詞 [due to, with, instead of, for, by]

   ① charges _____ drinks 「〜のため (の, に)」(目的, 対象)　___飲み物のための料金___
   ② _____　　the knife / skill 「〜で，〜を持って」(道具, 能力)　　_____
   ③ _____　　train / studying hard 「〜で，〜によって」(手段)　　_____
   ④ _____　　heavy winds 「〜のせいで，〜のために」(理由, 原因)　　_____
   ⑤ work _____ him 「〜の代わりに」(代用)　　_____

34

2 紛らわしい前置詞の使い分け

正しい前置詞を選び，判断のポイントを囲みましょう。

1. He has worked for this company (for / since) 2010.　＊期間の長さ ／ 過去のある時以来
2. The gym will be closed (for / during) two weeks.　＊期間の長さ ／ 特定の期間
3. I have to finish this paper (until / by) tomorrow.　＊期限（までに）／ 継続（まで）
4. The birds are flying (on / over) the lake.　＊（接触した）上で ／（接触しない）上方で
5. Cut this pie (with / by) a sharp knife.　＊手段 ／ 道具

Vocabulary

次の **Exercises** で使う語句です。正しい意味を下から選びましょう。

1. difference (　)　2. effective (　)　3. feel free to (　)
4. headquarters (　)　5. in use (　)　6. note (　)
7. opinion (　)　8. regulations (　)　9. representative (　)
10. revolutionary (　)　11. safety (　)　12. technology (　)

a) 意見　　　b) 〜に注意する　c) 有効な　　　d) 安全
e) 画期的な　f) 使用される　　g) 本社　　　　h) 違い
i) 規定，規則　j) 代表者　　　k) 自由に〜する　l) 技術

Exercises

Part 5: Choose the best answer to complete each sentence.

1. There is a big difference of opinion ＿＿＿ the two representatives.
   (A) between　(C) along
   (B) by　　　(D) among

2. Please note that the safety regulations will become effective ＿＿＿ October 1.
   (A) at　(C) in
   (B) on　(D) during

3. This revolutionary technology will be in use ＿＿＿ the next ten years.
   (A) at　　(C) since
   (B) on　(D) over

4. If you have any questions, feel free to stop me ＿＿＿ my presentation.
   (A) in　　(C) during
   (B) for　(D) by

5. The headquarters staff will stay in Kyoto ＿＿＿ the end of this week.
   (A) at　(C) by
   (B) on　(D) until

1. Ⓐ Ⓑ Ⓒ Ⓓ
2. Ⓐ Ⓑ Ⓒ Ⓓ
3. Ⓐ Ⓑ Ⓒ Ⓓ
4. Ⓐ Ⓑ Ⓒ Ⓓ
5. Ⓐ Ⓑ Ⓒ Ⓓ

Key　1. 下線の後の人の数に注意。2.「〜月」か「日付」か。3.「今後10年にわたって」という表現。
4.「間」か「〜の間」の区別。5.「〜まで」（継続）か「〜までに」（期限）の区別。

Workout は p37 へ

Listening Section • Workout: Part 1

Track 30-32 / T-CD 38-40

Step 1: 音声を聞いて英文を完成させ，意味の確認をしましょう。

Step 2: 最も適切な写真描写を書き写し，意味を完成させましょう。

1.

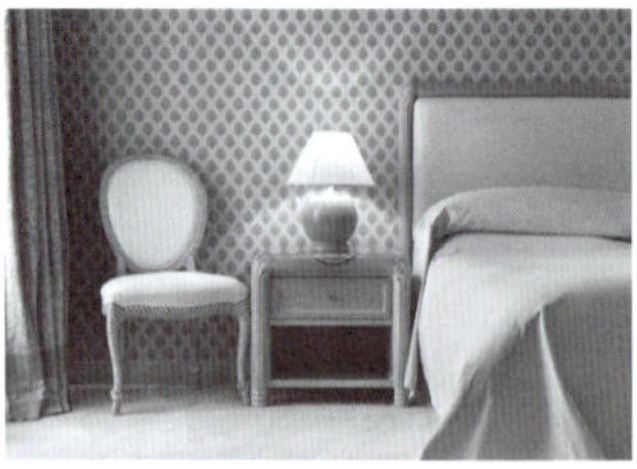

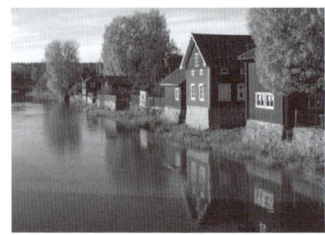

(A) The chair is (1　　　　) to the (2　　　　).

(B) The man is (3　　　　)(4　　　　) the bed.

(C) The table is (5　　　　) with a (6　　　　).

(D) The lamp is (7　　　　) the chair (8　　　　) the bed.

Best Description: The ______________________

（訳）__________ は ／ __________

2.

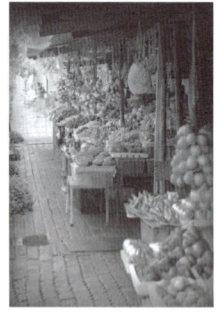

(A) There are some (1　　　　)(2　　　　) the lake.

(B) There are some (3　　　　)(4　　　　) the lake.

(C) Some houses are (5　　　　)(6　　　　) the lake.

(D) Some houses are (7　　　　) by (8　　　　) people.

Best Description: ______________________

（訳）______________________

3.

(A) There are some (1　　　　) in the (2　　　　).

(B) Produce is (3　　　　) at the (4　　　　).

(C) Food items are (5　　　　) of (6　　　　).

(D) Some women are (7　　　　)(8　　　　) outside.

Best Description: ______________________

（訳）______________________

Track 30-32 / T-CD 38-40

Step 3: ①音声と同時に音読しましょう。ポーズ（5秒）で正しい描写の英文をもう一度読みましょう。
②英文を見ないで音声を聞きながら音読しましょう。（シャドーイング）

音読回数記録：①音声と同時に音読 1 コマ　②シャドーイング 2 コマ

1	2	3	4	5	6	7	8	9	10
11	12	13	14	15	16	17	18	19	20

Reading Section • Workout: Part 5

Step 1: 英文を見ないで語句をリピートしましょう。
　　　　①リピート　②一語遅れリピート（ラギング）

Step 2: 音声を聞いて下の英文の空所に語句を書き入れ，完成させましょう。
Step 3: 英語の語順にあわせて下線部分に訳を書きましょう。

1. There is a big (¹　　　　　) / of opinion /
   大きな _____ がある / _____ の /
   (²　　　　　) the two representatives. //
   2人の _____ の間では。//

2. Please (¹　　　　　) that / the safety (²　　　　　) will become (³　　　　　) /
   _____ して下さい / _____ 規定は _____ となります /
   (⁴　　　　　) October 1. //
   _____ に。//

3. This revolutionary (¹　　　　　) / will be in (²　　　　　) /
   この _____ な _____ は / _____ されるだろう /
   (³　　　　　) the next ten years. //
   今後 _____ 。//

4. If you have any (¹　　　　　), / feel free to (²　　　　　) me /
   もし何か _____ がありましたら，/ _____ に私（の話）を _____ 下さい /
   (³　　　　　) my presentation. //
   発表の _____ でも。//

5. The (¹　　　　　) staff will stay / in Kyoto /
   _____ が滞在する / _____ に /
   (²　　　　　) the end of this week. //
   _____ の終わり _____ 。//

Step 4: 意味を確認しながら，音読しましょう。
　　　　①音声と同時に音読　②英文を見ないで音声を聞きながらシャドーイング

音読回数記録：①音声と同時に音読 1 コマ　②シャドーイング 2 コマ									
1	2	3	4	5	6	7	8	9	10
11	12	13	14	15	16	17	18	19	20

Unit 6　Listening Section • Part 2　Yes/No 疑問文

Warm-up

Vocabulary

音声を聞いて語句を書きましょう。最初の文字は示してあります。さらに，その語句の意味を選び（　）に記号を書きましょう。

1. a＿＿＿＿＿（　）　2. a＿＿＿＿＿（　）　3. b＿＿＿＿＿（　）
4. c＿＿＿＿＿（　）　5. c＿＿＿＿＿（　）　6. e＿＿＿＿＿（　）
7. e＿＿＿＿＿（　）　8. f＿＿＿＿＿（　）　9. f＿＿＿＿＿（　）
10. h＿＿＿＿＿（　）　11. l＿＿＿＿＿（　）　12. r＿＿＿＿＿（　）
13. s＿＿＿＿＿（　）　14. s＿＿＿＿＿（　）　15. u＿＿＿＿＿（　）

a) 提出する　　　　b) 送別　　　c) 〜までに　d) 借りる　　　e) 席
f) 出かける，去る　g) 〜まで　　h) 余分の　　i) サービス　　j) 式典
k) わくわくするような　l) 祭　　m) 修正する　n) 1人で　　　o) 出席する

Key　Do you 〜? や Are you 〜? などのような，Yes/No 疑問文と呼ばれる形の質問文に対して，Yes または No で答えている場合は，その後に続く主語や動詞の時制などに気をつけます。また，Yes/No から始まらない答え方が正解であることも多く，その場合は「質問文に対して内容的に意味がつながるかどうか」に特に気をつけて聞き取る必要があります。

Pre-Listening

次の質問文を訳し，適切な応答に○，適切でない応答に×をつけてみましょう。
また○×の判断に使うポイント【Key】について①②③から選び，【　】に書きましょう。

1. Do you have an extra pencil?　　あなたは＿＿＿＿＿＿＿＿
　　[　] (A) Yes, she does.　　　　　　[　] (B) Yes, you can keep it.
　　[　] (C) Yes, I did.　　　　　　　　【(A)　　(B)　　(C)　】
　　【Key】①時制が合わない　②主語が合わない　③文法が正しく意味もつながっている

2. Are you ready to leave now?　＿＿＿＿＿＿＿＿＿＿＿＿＿＿
　　[　] (A) Yes, they are.　　　　　　[　] (B) No, I don't.
　　[　] (C) Yes, I think I am.　　　　　【(A)　　(B)　　(C)　】
　　【Key】①動詞が合わない　②文法が正しく意味もつながっている　③主語が合わない

3. Have you handed in the report yet?　＿＿＿＿＿＿＿＿＿＿
　　[　] (A) No, it hasn't.　　　　　　[　] (B) Yes, it's your report.
　　[　] (C) Yes, it's on his desk.　　　【(A)　　(B)　　(C)　】
　　【Key】①意味がつながらない　②文法が正しく意味もつながっている　③主語が合わない

38

4. Did he attend the ceremony last week? _____
   [ ] (A) Yes, he does.   [ ] (B) I'm not sure.
   [ ] (C) No, he wasn't.   【(A)   (B)   (C)   】
   【Key】①動詞が合わない　②意味がつながっている　③時制が合わない

5. Will Mary send an e-mail soon? _____
   [ ] (A) I hope so.   [ ] (B) Yes, she did.
   [ ] (C) An e-mail will be fine.   【(A)   (B)   (C)   】
   【Key】①意味がつながっていない　②意味がつながっている　③時制が合わない

Listening 1

CDを聞き，応答として適切だと思うものに○，そうでないものに×，判断できなかったものに は△を書き入れましょう。

1. Ⓐ [　] Ⓑ [　] Ⓒ [　]   2. Ⓐ [　] Ⓑ [　] Ⓒ [　]

Listening 2

もう一度音声を聞いて英文を完成させ，意味を確認しましょう。それぞれの応答が正しければ○， そうでなければ×を [　] に書き入れ，**Listening 1** の答えと比べてみましょう。また○×の判 断のポイントを【Key】から選び，番号①〜④を【　】に書きましょう。

1. Does Kate live in an (¹_____) alone?
   (A) Yes, she (²_____).   [　]【　】
   (B) I think she (³_____).   [　]【　】
   (C) Yes, she (⁴_____) a car.   [　]【　】

2. Do you have room (¹_____)?
   (A) No, this is (²_____) room.   [　]【　】
   (B) Room (³_____).   [　]【　】
   (C) Yes, (⁴_____) 10:00 p.m.   [　]【　】

【Key】①時制が合わない　②主語が合わない　③意味がつながっていない
　　　 ④文法が正しく意味もつながっている

Exercises

意味のつながりに特に気をつけて，集中して聞きましょう。

Part 2: Choose the best response to each question.

1. Ⓐ Ⓑ Ⓒ   2. Ⓐ Ⓑ Ⓒ
3. Ⓐ Ⓑ Ⓒ   4. Ⓐ Ⓑ Ⓒ

Unit 6

Reading Section • Part 5　つなぎのことば接続詞

語（句）や，節をつなげたい時に使う「接続詞」は，前半と後半を対等に結ぶ，どちらかを飾るように結ぶ，などさまざまな役割を持ち，多くの種類があります。よく使われる接続詞の意味を確認してから使い方に慣れましょう。

Warm-up

1 接続詞の意味

以下の接続詞の意味を下から選びましょう。

① and （　） ② but （　） ③ or （　） ④ when （　）
⑤ while （　） ⑥ before （　） ⑦ after （　） ⑧ until （　）
⑨ because （　） ⑩ although （　） ⑪ if （　） ⑫ unless （　）
⑬ both A and B （　）　　　　　　⑭ not only A but also B （　）
⑮ either A or B （　）　　　　　　⑯ neither A nor B （　）

a) 〜するまで　　b) 〜だけれども　　c) 〜なので　　d) 〜する前に　e) もし〜なら　f) しかし
g) AでもBでもない　h) 〜でない限り　i) AもBも両方　j) 〜した後に　k) AかBか　l) 〜する時
m) 〜ている間　　n) または，さもないと　o) そして，そうすれば　　p) AだけでなくBも

2 接続詞の使い方

上の接続詞を4つのグループに分けます。前後が正しくつながるように，[　　　]から接続詞を選んで入れ，さらに意味を完成させましょう。

A.「順接」，「逆接」，「選択」の接続詞 [and / but / or]

1. Hurry up, (　　　) you will miss the bus.　急ぎなさい さもないとバスに乗り遅れます。
2. Tom played tennis, (　　　) he won the game.　トムはテニスをした ＿＿＿＿＿＿＿
3. Alice passed the exam, (　　　) Kate didn't.　アリスは合格した ＿＿＿＿＿＿＿

B.「時」で結ぶ接続詞 [when / while / before / after / until]

4. Wash your hands carefully (　　　) you eat.　手をよく洗いなさい 食べる前に。
5. Clear the table (　　　) you eat.　テーブルの物を片付けなさい ＿＿＿＿＿＿＿
6. Don't open it (　　　) he comes back.　それを開けないで下さい ＿＿＿＿＿＿＿
7. We were eating (　　　) the light went out.　私たちは食事していた，停電に ＿＿＿＿＿＿
8. I cleaned the room (　　　) you were doing dishes.　私は掃除した ＿＿＿＿＿＿＿

C.「理由」や「条件」で結ぶ接続詞 [because / although / if / unless]

9. He attended the party, (　　　) he was busy.
　　　　　　　　　　　　　　彼はパーティーに出席した 忙しかったけれども。
10. She was absent (　　　) she had a high fever.　彼女は欠席した ＿＿＿＿＿＿＿
11. You may go fishing, (　　　) it rains heavily.　つりに行っていいです ＿＿＿＿＿＿＿
12. The game will be postponed (　　　) it rains.　試合は延期される ＿＿＿＿＿＿＿

D. 2語以上で組む接続詞： **1** の接続詞⑬⑭⑮⑯を参考にして以下の英文を完成させましょう。

13. We serve both meat (　　　　) fish.　私共は提供しています，肉料理も ＿＿＿＿＿＿＿＿。

14. You can order either meat (　　　　) fish.　肉料理 ＿＿＿＿＿＿ 魚料理を注文してください。

15. Customers love not only meat (　　　　) also fish.　肉料理 ＿＿＿＿＿＿＿ 魚料理も人気です。

16. On Mondays, however, we have neither meat (　　　　) fish.　Only vegetables.
　　　　ただし月曜日は，肉料理も魚料理も ＿＿＿＿＿＿＿＿。野菜だけとなります。

Vocabulary

次の **Exercises** で使う語句です。正しい意味を下から選びましょう。

1. client　　　　　　(　) 　2. employee　　　　(　) 　3. expand　　　　　(　)
4. expensive　　　　(　) 　5. improper　　　　 (　) 　6. invalid　　　　　(　)
7. limited express　(　) 　8. market research (　) 　9. official language (　)
10. out　　　　　　　(　) 　11. product　　　　　(　) 　12. warranty　　　　(　)

　　a) 製品　　　　　b) 拡大する　　　c) 保証　　　　　d) 無効の
　　e) 値段が高い　　f) 公用語　　　　g) 市場調査　　　h) 特急
　　i) 従業員　　　　j) 外出して　　　k) 顧客　　　　　l) 誤った

Exercises

Part 5: Choose the best answer to complete each sentence.

1. It's possible to buy limited express tickets on the train, ＿＿＿ they are more expensive.
   (A) or　　(C) but
   (B) after　(D) if

2. I got a message from our client ＿＿＿ you were out.
   (A) if　　　(C) although
   (B) until　　(D) while

3. This warranty is invalid ＿＿＿ the product is damaged due to improper use.
   (A) if　　　(C) and
   (B) unless　(D) or

4. English is the official language among our employees, ＿＿＿ they are all Japanese.
   (A) when　　(C) until
   (B) although (D) nor

5. We should do market research ＿＿＿ we decide to expand our business.
   (A) before　(C) but
   (B) after　　(D) either

1. Ⓐ Ⓑ Ⓒ Ⓓ
2. Ⓐ Ⓑ Ⓒ Ⓓ
3. Ⓐ Ⓑ Ⓒ Ⓓ
4. Ⓐ Ⓑ Ⓒ Ⓓ
5. Ⓐ Ⓑ Ⓒ Ⓓ

Key　下線の前後の意味を確認し，つながり方を考えて解きましょう。
1.「買える」「値段が高い」　2.「メッセージ受付」「あなたがいない」　3.「無効」「誤った使用」
4.「英語が公用語」「全て日本人」　5.「調査」「拡大の決断」

Unit 6 Listening Section • Workout: Part 2

Step 1: もう一度音声を聞いて英文を完成させ，問いかけ文の意味を完成させましょう。
Step 2: 最も適切な応答を書き写し，その意味を書きましょう。

1. Did you (¹　　　　　　　) / the summer festival / last weekend?
   ＿＿＿＿＿＿は楽しみましたか / ＿＿＿＿＿＿＿＿＿を / ＿＿＿＿＿＿＿。
   (A) Yes, (²　　　　　) did.   (B) Yes, it was (³　　　　　).
   (C) Yes, Sandra will (⁴　　　　　), too.
   Best response: ＿＿＿＿＿＿＿＿＿＿＿＿＿＿＿＿＿＿＿＿＿＿＿＿＿＿
   　　　　（訳）＿＿＿＿＿＿＿＿＿＿＿＿＿＿＿＿＿＿＿＿＿＿＿＿＿＿

2. Are you coming to / Mr. Brown's (¹　　　　　　　) party?
   あなたは＿＿＿＿＿＿＿＿ / ブラウンさんの＿＿＿＿＿＿＿＿＿に。
   (A) Of (²　　　　　), I am.   (B) No, I (³　　　　　).
   (C) The party was a (⁴　　　　　).
   Best response: ＿＿＿＿＿＿＿＿＿＿＿＿＿＿＿＿＿＿＿＿＿＿＿＿＿＿
   　　　　（訳）＿＿＿＿＿＿＿＿＿＿＿＿＿＿＿＿＿＿＿＿＿＿＿＿＿＿

3. Is this seat (¹　　　　　　)?
   この＿＿＿＿＿＿＿＿は＿＿＿＿＿＿＿＿。
   (A) No, (²　　　　　) you.   (B) Take a (³　　　　　) of paper.
   (C) Someone's (⁴　　　　　) here, I'm afraid.
   Best response: ＿＿＿＿＿＿＿＿＿＿＿＿＿＿＿＿＿＿＿＿＿＿＿＿＿＿
   　　　　（訳）＿＿＿＿＿＿＿＿＿＿＿＿＿＿＿＿＿＿＿＿＿＿＿＿＿＿

4. Have you (¹　　　　　　　) / the data / yet?
   ＿＿＿＿＿＿は＿＿＿＿＿＿＿しましたか / ＿＿＿＿＿＿＿を / もう。
   (A) Yes, (²　　　　　) is.   (B) No, but I'll do it by (³　　　　　).
   (C) Yes, that's (⁴　　　　　).
   Best response: ＿＿＿＿＿＿＿＿＿＿＿＿＿＿＿＿＿＿＿＿＿＿＿＿＿＿
   　　　　（訳）＿＿＿＿＿＿＿＿＿＿＿＿＿＿＿＿＿＿＿＿＿＿＿＿＿＿

Step 3: ①音声と同時に音読しましょう。ポーズ（5秒）で正答の英文をもう一度読みましょう。
　　　　②英文を見ないで音声を聞きながら音読しましょう。（シャドーイング）

音読回数記録：①音声と同時に音読1回1コマ　②シャドーイング1回2コマ										
1	2	3	4	5	6	7	8	9	10	
11	12	13	14	15	16	17	18	19	20	

42

Reading Section • Workout: Part 5

Step 1: 英文を見ないで語句をリピートしましょう。
　　　　①リピート　②一語遅れリピート（ラギング）

- -

Step 2: 音声を聞いて下の英文の空所に語句を書き入れ，完成させましょう。
Step 3: 英語の語順にあわせて下線部分に訳を書きましょう。

1. It's (¹　　　　　　　) / to buy limited express (²　　　　　　　) / on the train, /
　可能です / ＿＿＿＿＿＿＿＿＿＿ を買うことは / ＿＿＿＿＿＿＿＿＿＿ で /
　(³　　　　　　　) / they are more (⁴　　　　　　　). //
　＿＿＿＿＿＿＿＿＿＿ / それらはもっと ＿＿＿＿＿＿＿＿＿＿。//

2. I got / a (¹　　　　　　　) from our (²　　　　　　　) / (³　　　　　　　) you were out. //
　受け取りました / ＿＿＿＿＿＿＿ からの ＿＿＿＿＿＿＿ を / あなたがいない ＿＿＿＿＿＿＿ に。//

3. This (¹　　　　　　　) is (²　　　　　　　) /
　この ＿＿＿＿＿＿＿ は ＿＿＿＿＿＿＿ です /
　(³　　　　　　　) the product is (⁴　　　　　　　) / due to (⁵　　　　　　　) use. //
　＿＿＿＿＿＿＿ 製品が ＿＿＿＿＿＿＿ したら / ＿＿＿＿＿＿＿ 使い方によって。//

4. English is the (¹　　　　　　　) language / among our (²　　　　　　　), /
　＿＿＿＿＿＿＿ が ＿＿＿＿＿＿＿ になっている / ＿＿＿＿＿＿＿ の間で /
　(³　　　　　　　) they are all Japanese. //
　彼らはみんな日本人 ＿＿＿＿＿＿＿。//

5. We should (¹　　　　　　　) / (²　　　　　　　)(³　　　　　　　) /
　私たちはしなければなりません / ＿＿＿＿＿＿＿＿＿＿ を /
　(⁴　　　　　　　) we decide to (⁵　　　　　　　) / our (⁶　　　　　　　). //
　＿＿＿＿＿＿＿ する決断をする ＿＿＿＿＿＿＿ に / ＿＿＿＿＿＿＿ を。//

- -

Step 4: 意味を確認しながら，音読しましょう。
　　　　①音声と同時に音読　②英文を見ないで音声を聞きながらシャドーイング

音読回数記録：①音声と同時に音読１コマ　②シャドーイング２コマ										
1	2	3	4	5	6	7	8	9	10	
11	12	13	14	15	16	17	18	19	20	

43

Unit 7

Listening Section • Part 3 電話の会話

Warm-up

Vocabulary

音声を聞いて語句を書きましょう。最初の文字は示してあります。さらに，その語句の意味を選び（　）に記号を書きましょう。

1. a_____ (　)　2. a_____ (　)　3. a_____ (　)
4. c_____ (　)　5. c_____ (　)　6. c_____ (　)
7. c_____ (　)　8. e_____ (　)　9. n_____ (　)
10. o_____ (　) 11. p_____ (　) 12. r_____ (　)
13. r_____ (　) 14. r_____ (　) 15. w_____ (　)

a) 確認する　　b) 借りる　　c) 利用できる　　d) 変更する　　e) 連絡
f) 番号　　　　g) 応じる　　h) 注文，注文する　i) 予約する　　j) 要望
k) 到着する　　l) 予定する　m) キャンセルする　n) 歓迎　　　　o) 目的

Key

「電話の会話」は，日常的な客と店員の会話から職場でのやりとり，ビジネスの関係者との交渉までさまざまな場面が出題されます。会話の流れのパターンは，①あいさつと相手の確認，②用件，③具体的な内容，④相手にして欲しいこと，などとなります。まずは誰が，どんな用件で電話をしてきたかを確実に聞き取るようにしましょう。

Listening 1

電話の会話の一部を聞き，それぞれ会話を始めたのは誰か，また，電話をかけた人の用件を選びましょう。

1. First speaker:　Ⓐ Clerk　　　　　　　Ⓑ Customer
   Purpose:　　　Ⓐ To make a pizza　　Ⓑ To order a pizza　　Ⓒ To sell a pizza

2. First speaker:　Ⓐ Clerk　　　　　　　Ⓑ Customer
   Purpose:　　　Ⓐ To change a reservation　Ⓑ To reserve a room　Ⓒ To rent a room

3. First speaker:　Ⓐ Clerk　　　　　　　Ⓑ Customer
   Purpose:　　　Ⓐ To change an order　Ⓑ To make an order
   　　　　　　　Ⓒ To cancel an order

4. First speaker:　Ⓐ Clerk　　　　　　　Ⓑ Customer
   Purpose:　　　Ⓐ To change a reservation　Ⓑ To make a reservation
   　　　　　　　Ⓒ To confirm a reservation

Listening 2

もう一度音声を聞いて英文を完成させましょう。また，会話を始めた人と会話の場所について書き込み，**Listening 1**の答えと比べてみましょう。

1. M: Hello. This is Best Italian. How may I (　　　　　) you?
   W: Hi. I'm calling to (　　　　　) a pizza for lunch.
   　　男性：Ⓐ Clerk　　Ⓑ Customer　　　用件：ピザを＿＿＿＿＿＿＿＿＿＿＿＿＿＿＿

2. W: Hello. I want to make a (　　　　　) for one night.
   M: Certainly. (　　　　　) will you arrive?
   　　女性：Ⓐ Clerk　　Ⓑ Customer　　　用件：＿＿＿＿＿＿＿＿＿＿＿＿＿＿＿

3. M: Hello. I'm calling because I'd like to (　　　　　) my order.
   W: Sure. What's your (　　　　　) number?
   　　男性：Ⓐ Clerk　　Ⓑ Customer　　　用件：＿＿＿＿＿＿＿＿＿＿＿＿＿＿＿

4. W: Hello, this is Nancy Bells. I'm calling to (　　　　　) the reservation that I (　　　　　).
   M: Sure, Ms. Bells. I'll (　　　　　) it for you.
   　　女性：Ⓐ Clerk　　Ⓑ Customer　　　用件：＿＿＿＿＿＿＿＿＿＿＿＿＿＿＿

＊ TOEIC 形式の設問の意味をすばやく確認するための練習です。区切りごとに訳してみましょう。

1. What / is the purpose / of the call?
   何か / ＿＿＿＿＿＿ は / ＿＿＿＿＿＿＿ の。

2. How large / will the party be?
   どれくらいの ＿＿＿＿＿＿ になるか / その ＿＿＿＿＿＿＿ は。

3. What / will the woman / probably do / next?
   ＿＿＿＿＿＿ を / 女性は / おそらくするか / ＿＿＿＿＿＿＿ に。

Exercises

PART 3: You will hear a conversation. Select the best answer to each question.

1. What is the purpose of the call?
   (A) To cancel an appointment
   (B) To ask about the menu
   (C) To reserve some tables
   (D) To schedule a meeting

2. How large will the party be?
   (A) 5 people
   (B) 15 people
   (C) 25 people
   (D) 50 people

3. What will the woman probably do next?
   (A) Give her phone number
   (B) Go to a party
   (C) Meet the man
   (D) Request a room

1. Ⓐ Ⓑ Ⓒ Ⓓ
2. Ⓐ Ⓑ Ⓒ Ⓓ
3. Ⓐ Ⓑ Ⓒ Ⓓ

Unit 7

Reading Section • Part 6 前置詞と接続詞の補充

TOEIC の Part 5 では，答えの選択肢は前置詞と接続詞など複数の項目が混在します。この Unit では Unit 5, 6 で扱った項目，前置詞と接続詞について使い分けを学び，「広告文」で Part 6 形式の補充問題を解いていきます。

Warm-up

1 同じ意味を持つ前置詞と接続詞

	前置詞（名詞・名詞句が続く）	接続詞（主語＋動詞が続く）
〜ので	because of, due to	because, since
〜間	during	while

＊ 後に続く語句に気をつけて正しい方を選び，ポイントとなる部分を訳しましょう。

1. The flight was cancelled (due to / because) bad weather.　　　悪天候だったので

2. The flight was cancelled (due to / because) the weather was bad.
　　　　　　　　　　　　　　　　　　　　　　　　　　　が悪かったので

3. I got a driver's license (during / while) I lived in Seattle.
　　　　　　　　　　　　　　　　　　　　　私がシアトルに　　　　　　に

4. I got a driver's license (during / while) the summer vacation.
　　　　　　　　　　　　　　　　　　　　　　　　　　　　　　　の間に

＊ before, after, until などは前置詞と接続詞両方あります。意味を考えて決めましょう。

5. Please stay here (until / by) ten o'clock.　　　10時　　　ここにいて下さい

6. Please stay here (until / by) he comes back.　　彼が戻る　　ここにいて下さい

7. Please reply (until / by) tomorrow.　　　　　　明日　　　　返事を下さい

2 広告文の基本形式

商品やサービスの宣伝をする文書が「広告文」です。TOEIC では商品の特徴や特典を言葉で説明するタイプがよく出題されますが，宣伝文句は簡潔に書かれていて，比較的読みやすい文書です。以下の項目を正しい位置に書き込み，「広告文」の形式の一例を見てみましょう。

[555-1000 / It's fun, and will help you learn English! / 30% discount! / BestGame]

①_____（商品名）
　　　　　　　　Special offer from ABC Toy!（社名や広告の目的）
②_____（広告のポイント）
Our popular game is now on sale.
③_____（商品の説明）
This offer will end on July 9.　（広告の有効期間）
For more information, call:　④_____（問い合わせ先）

Vocabulary

次の **Exercises** で使う語句です。正しい意味を下から選びましょう。

1. burn calories   ( )   2. delivery   ( )   3. design   ( )
4. get a workout   ( )   5. handle   ( )   6. in-home   ( )
7. manual operation ( )   8. rain or shine   ( )   9. reduce   ( )
10. special offer   ( )   11. treadmill   ( )   12. trial   ( )

- a) 扱う
- b) 設計する
- c) 減らす
- d) 運動をする
- e) お試し
- f) 特別提供
- g) 晴雨にかかわらず
- h) ルームランナー
- i) 配達
- j) 手動操作
- k) 家庭内で
- l) カロリーを消費する

Exercises

Part 6: Select the best answer to complete the text.

Questions 1-3 refer to the following advertisement.

== JoyWalk ==

Special offer from ABC Club!
✻ 20% discount!   ✻ Free delivery!   ✻ 30-day in-home trial!

JoyWalk is a simply designed treadmill. Manual operation, easy to handle. _____ it's

1. (A) When
   (B) Or
   (C) And
   (D) If   Ⓐ Ⓑ Ⓒ Ⓓ

safe for everybody! _____ you are burning calories, you'll be reducing stress as well.

2. (A) Either
   (B) While
   (C) During
   (D) Due to   Ⓐ Ⓑ Ⓒ Ⓓ

Rain or shine, JoyWalk is the best way for you to get a workout. Shape up and feel relaxed.

Our special offer is valid _____ the end of the month.

3. (A) until
   (B) by
   (C) during
   (D) while   Ⓐ Ⓑ Ⓒ Ⓓ

Order now by phone at 555-5050, or online at www.abcclub.com.

Key
1. 下線前後の意味がつながる接続詞を選びます。
2. 下線の後は「主語＋動詞」になっています。
3. 「期間」か「期限」のどちらかを選びます。

Unit 7　Listening Section • Workout: Part 3

Step 1: もう一度音声を聞いて英文を完成させましょう。

Step 2: 英語の語順にあわせて下線部分に訳を書きましょう。

Woman: Hello. // This is Kim Baker. //
　　　　もしもし。// キム・ベーカーです。//

　　　　I'm (¹　　　　　) / to make a (²　　　　　) / at your (³　　　　　). //
　　　　_____ をかけています / _____ をするために / _____ の。//

　　　　We are planning / to have a (⁴　　　　　) party /
　　　　_____ しています / _____ 会を催すことを /

　　　　on Friday of next week, / at (⁵　　　　　) p.m. //
　　　　_____ の金曜日, / _____ 時に。//

Man: (⁶　　　　　). // How (⁷　　　　　) people / are you (⁸　　　　　)? //
　　　かしこまりました。// _____ を / _____ されていますか。//

Woman: (⁹　　　　　). // And we'd like a (¹⁰　　　　　) room, /
　　　　_____ 名です。// それから _____ をお願いしたいのですが /

　　　　if one is (¹¹　　　　　). //
　　　　もし _____ いれば。//

Man: (¹²　　　　　), Ms. Baker. // We will be pleased to (¹³　　　　　) /
　　　かしこまりました, ベーカー様。// _____ よろこんでお応えします /

　　　your request. // Could I have / your (¹⁴　　　　　)(¹⁵　　　　　)? //
　　　_____ に。// いただけますか / お客様の _____ を。//

Step 3: Exercises (p.45) の選択肢のうち, 正しい答えを書き写しましょう。

1. What is the purpose of the call?

    Answer: _____

2. How large will the party be?

    Answer: _____

3. What will the woman probably do next?

    Answer: _____

Step 4: 意味を確認しながら, 音読しましょう。ポーズ(8秒)で正答の英文を読みましょう。
　　　　①音声と同時に音読　②英文を見ないで音声を聞きながらシャドーイング

音読回数記録：①音声と同時に音読１コマ　②シャドーイング２コマ

1	2	3	4	5	6	7	8	9	10
11	12	13	14	15	16	17	18	19	20

48

Reading Section • Workout: Part 6

Step 1: 英文を見ないで語句をリピートしましょう。
　　　　①リピート　②一語遅れリピート（ラギング）

Step 2: 音声を聞いて下の英文の空所に語句を書き入れ，完成させましょう。
Step 3: 英語の語順にあわせて下線部分に訳を書きましょう。

JoyWalk	Special offer from ABC Club!
ジョイウォーク	ABC クラブから ＿＿＿＿＿＿＿＿＿！

20% discount!	Free delivery!	30-day in-home trial!
20% ＿＿＿＿＿！	無料 ＿＿＿＿＿！	お試し ＿＿＿＿＿！

JoyWalk is a (¹　　　　　　) designed (²　　　　　　). //
ジョイウォークは ＿＿＿＿＿ に設計された ＿＿＿＿＿ です。//

Manual (³　　　　　　), / easy to (⁴　　　　　　). //
手動 ＿＿＿＿＿ で, / ＿＿＿＿＿ も簡単です。//

(⁵　　　　　　) it's (⁶　　　　　　) for everybody! //
＿＿＿＿＿ 全ての人に ＿＿＿＿＿ です！//

(⁷　　　　　　) you are (⁸　　　　　　) calories, / you'll be (⁹　　　　　　) / stress as well. //
あなたが消費している ＿＿＿＿＿ / ＿＿＿＿＿ を / ＿＿＿＿＿ いることになります / ストレスも。//

(¹⁰　　　　　　) or shine, / JoyWalk is the best way / for you to get a (¹¹　　　　　　). //
＿＿＿＿＿ 関わらず, / ジョイウォークは ＿＿＿＿＿ の方法です / あなたが ＿＿＿＿＿ をするのに。//

(¹²　　　　　　) up and feel (¹³　　　　　　). //
＿＿＿＿＿ し，そして ＿＿＿＿＿ しましょう。//

Our special (¹⁴　　　　　　) is valid / (¹⁵　　　　　　) the end of the (¹⁶　　　　　　). //
この ＿＿＿＿＿ は ＿＿＿＿＿ です / 今月末 ＿＿＿＿＿。//

Order now / by (¹⁷　　　　　　) at 555-5050, / or (¹⁸　　　　　　) at www.abcclub.com. //
今すぐご注文を / 555-5050 に ＿＿＿＿＿ で / または www.abcclub.com にオンラインで。//

Step 4: 意味を確認しながら，音読しましょう。
　　　　①音声と同時に音読　②英文を見ないで音声を聞きながらシャドーイング

音読回数記録：①音声と同時に音読 1 コマ　②シャドーイング 2 コマ

1	2	3	4	5	6	7	8	9	10
11	12	13	14	15	16	17	18	19	20

Unit 8

Listening Section • Part 4　録音メッセージ

Warm-up

Vocabulary

音声を聞いて語句を書きましょう。最初の文字は示してあります。さらに，その語句の意味を選び（　）に記号を書きましょう。

1. a_____ (　)　2. a_____ (　)　3. c_____ (　)
4. c_____ (　)　5. d_____ (　)　6. g_____ (　)
7. i_____ (　)　8. i_____ (　)　9. l_____ (　)
10. l_____ (　)　11. p_____ (　)　12. p_____ (　)
13. r_____ (　)　14. r_____ (　)　15. s_____ (　)

a) 準備する　　b) 語学　　c) 同僚　　d) 再確認する　　e) 情報
f) 問い合わせる　g) 歯科の　h) 贈り物　i) 航空会社　　j) 担当者
k) 現在のところ　l) 病気の　m) 押す　　n) 〜を残す　　o) 予約

Key

「録音メッセージ」には，個人の家にある電話に録音されたメッセージを始め，店舗やオフィス，病院などの営業時間外や担当者不在のメッセージ，よくある問い合わせにあらかじめ答えているメッセージなども含まれます。内容は，①メッセージを残している人，場所の紹介，②メッセージの目的，の後，③相手にして欲しい行動，が残されていることが多いという特徴があります。人や場所，目的を聞き取ることが大切なのは他の分野と変わりませんが，このユニットでは，聞き手に求める行動を聞きとる練習をしてみましょう。

Listening 1

録音メッセージの一部を聞いて，聞き手に求める行動を選びましょう。

1. Ⓐ To visit　　　Ⓑ To call　　　Ⓒ To send an e-mail
2. Ⓐ To visit　　　Ⓑ To study　　Ⓒ To leave a message
3. Ⓐ To work　　　Ⓑ To call　　　Ⓒ To prepare a gift

Listening 2

もう一度音声を聞いて英文を完成させ，メッセージの発信元と目的を選びましょう。また，聞き手に求める行動を確認して書き，Listening 1 の答えと比べてみましょう。

1. Hello. This is a message for Mr. Smith from Dr. Parker's (　　　　　) office. I'd like to (　　　　　) your next appointment. Could you please (　　　　　) me back at 555-6789 as soon as possible?

　　発信元：　Ⓐ 研究室　　Ⓑ レストラン　　Ⓒ 歯科医院
　　目的：　　Ⓐ 開業の案内　Ⓑ 予約の確認　Ⓒ 予約のキャンセル
　　求める行動：＿＿＿＿＿＿＿＿＿＿＿＿＿＿＿＿＿＿＿＿

2. Thank you for calling Bridge (　　　　　) Center. We are currently
   (　　　　　). Our office (　　　　　) are Monday through Friday, from
   11:00 a.m. to 9:00 p.m. Please (　　　　　) 1 to leave a message.

   発信元：　　Ⓐ 語学学校　　　　Ⓑ 建設会社　　　　Ⓒ ホテル
   目的：　　　Ⓐ 業務内容の案内　Ⓑ 営業時間の案内　Ⓒ メッセージのお礼
   求める行動：_____

3. Hello, Alice. This is Kelly. I'm calling to let you know that I'll be (　　　　　)
   for Mrs. Harris's birthday party tomorrow. One of my (　　　　　) is sick, and
   I have to work to finish some documents. Will you prepare some (　　　　　)
   for Mrs. Harris? Thanks.

   発信元：　　Ⓐ 友人　　　　　　Ⓑ 上司　　　　　　Ⓒ 顧客
   目的：　　　Ⓐ 病気を知らせる　Ⓑ 欠席を知らせる　Ⓒ 遅刻を知らせる
   求める行動：_____

> **Key**: Please ～ / Could you ～ / Will you ～ などの依頼表現の部分が「求める行動」のヒントです。

＊ TOEIC 形式の設問の意味をすばやく確認するための練習です。区切りごとに訳してみましょう。

1. What type of business / is being called?
   どのような _____ に / 電話が _____ いるか。

2. According to the message, / what information is available?
   _____ によると / どんな _____ が得られるか。

3. What should listeners do / to talk / to someone?
   聞き手は _____ をするべきか / _____ をするためには / 誰かと。

Exercises

PART 4: You will hear a recorded message. Select the best answer to each question.

1. What type of business is being called?
   (A) A hotel
   (B) An airline
   (C) A restaurant
   (D) A credit card company

2. According to the message, what information is available?
   (A) Flights and tickets
   (B) Schedules and tickets
   (C) Flights and schedules
   (D) Plans and accommodations

3. What should listeners do to talk to someone?
   (A) Press 1
   (B) Press 3
   (C) Call another number
   (D) Hold for a while

1. Ⓐ Ⓑ Ⓒ Ⓓ
2. Ⓐ Ⓑ Ⓒ Ⓓ
3. Ⓐ Ⓑ Ⓒ Ⓓ

Unit 8

Reading Section • Part 7　社内のメモ

「社内メモ」とは，社員に向けての連絡事項の文書のことで，オフィス環境を整えるための注意事項や社員の福利厚生，また仕事のシフト調整や会議に向けての準備，など内容はさまざまです。この Unit では，比較的読み易い話題の社内メモを扱います。

Warm-up

1 社内メモに頻出する語彙・表現

表現や形式は Unit 3 で扱ったビジネスレターより簡略化されています。意味を選びましょう。

1. Management（　）　　2. Parking Lot Repair（　）　　3. All staff（　）
4. call me at extension 635（　）　　5. the parking lot will be repaired（　）
6. please park your vehicle in designated areas（　）

　　a）駐車場修繕工事が始まります　　b）管理部　　c）全社員
　　d）指定の場所に駐車して下さい　　e）駐車場修繕　　f）内線 635 までお電話下さい

2 文書の形式と流れ

社内メモの一例です。**1** の表現 3.～ 6. の英文を正しい位置に書き込みましょう。

MEMO

To: ①＿＿＿＿＿＿＿＿＿＿＿＿＿＿＿＿＿＿＿＿＿

From: Kate Brown, Management

Subject: Parking Lot Repairs

Date: October 1

　　　　　　　　　　　　　　　最も伝えたいこと
　　　　　　　　　　　　　　　　　↓

I'm writing to remind you that ②＿＿＿＿＿＿＿＿＿＿＿＿＿＿＿＿＿＿＿＿＿

starting on October 7. During the construction period, ③＿＿＿＿＿＿＿＿＿＿＿

＿＿＿＿＿＿＿＿＿＿＿＿＿＿＿＿＿＿＿＿＿＿＿＿＿＿＿＿＿.　← 依頼すること

問い合わせ先 → If you have any questions, ④＿＿＿＿＿＿＿＿＿＿＿＿＿＿＿＿＿

---

3 設問パターンに慣れましょう：「目的」「依頼内容」「同義語」

社内メモでは「目的」と「依頼内容」がよく問われます。また，この文書に限らず「同じ意味の語を選ぶ」問いも頻出なので，設問文に慣れておきましょう。以下の設問の訳を完成させましょう。

1. What is the main purpose of the memo?　　このメモの＿＿＿＿＿＿＿＿＿＿＿

2. What is the recipient asked to do?　　受取人は何をするように＿＿＿＿＿＿＿＿＿

3. In the memo, the word "remind" in paragraph 1, line 1 is closest in meaning to
　　メモの第 1 段落 1 行目の "remind" に＿＿＿＿＿＿＿＿＿＿＿＿＿＿＿＿＿＿＿

52

Vocabulary

次の **Exercises** で使う語句です。正しい意味を下から選びましょう。

1. cooperation (　) 2. dress (　) 3. effort (　)
4. environmentally (　) 5. general affairs (　) 6. heat (　)
7. ongoing (　) 8. preserve (　) 9. resources (　)
10. responsible (　) 11. socially (　) 12. temperature (　)

a) 続いている　　b) 資源　　　　　c) 社会的に　　d) 責任がある
e) 庶務課　　　　f) 環境について　g) 保存する　　h) 温度, 気温
i) 協力　　　　　j) 着る　　　　　k) 暖房　　　　l) 努力

Exercises

Part 7: Select the best answer for each question.
Questions 1-3 refer to the following memo.

MEMO

To: All staff
From: Matilda Wright, General Affairs
Subject: Office room temperature
Date: December 1

In our ongoing efforts to conserve energy and make our office more socially and environmentally responsible, we are turning down the heat this winter. So please dress warmly and help us preserve our natural resources.

Thank you for your cooperation.
If you have any questions, call me at extension 201.

---

1. What is the main purpose of the memo?
   (A) To announce the room will be cooler this winter
   (B) To announce the room will have no heat this winter
   (C) To announce the company will make more energy
   (D) To announce the company will turn down the ongoing efforts

2. In the memo, the word "conserve" in paragraph 1, line 1 is closest in meaning to
   (A) use
   (B) waste
   (C) exchange
   (D) save

3. What are the recipients asked to do?
   (A) Make more energy
   (B) Turn down the idea
   (C) Wear more clothes
   (D) Call as soon as possible

1. Ⓐ Ⓑ Ⓒ Ⓓ　　2. Ⓐ Ⓑ Ⓒ Ⓓ　　3. Ⓐ Ⓑ Ⓒ Ⓓ

Unit 8

🎧 Listening Section • Workout: Part 4

Step 1: もう一度音声を聞いて英文を完成させましょう。

Step 2: 英語の語順にあわせて下線部分に訳を書きましょう。

Thank you for (¹　　　　　　) / Washington (²　　　　　　). //
_____ありがとうございます / ワシントン_____へ。//

For (³　　　　　　) / on flights and (⁴　　　　　　), /
_____につきましては / _____や_____の /

press (⁵　　　　　　) now. //
_____を押して下さい。//

To (⁶　　　　　　) / about our mileage (⁷　　　　　　), / press (⁸　　　　　　). //
_____は / マイル計画についての / _____を押して下さい。//

For flight (⁹　　　　　　) / or to (¹⁰　　　　　　), / press (¹¹　　　　　　). //
フライトの_____や / _____をするためには / _____を押して下さい。//

If you would like to (¹²　　　　　　) / with one of our (¹³　　　　　　), /
_____をなさりたければ / _____の１人と /

please (¹⁴　　　　　　) on the line. // Thank you (¹⁵　　　　　　) / for calling. //
そのまま_____。// ありがとうございました / _____を。//

Step 3: Exercises (p.51) の選択肢のうち，正しい答えを書き写しましょう。

1. What type of business is being called?
   Answer: _____

2. According to the message, what information is available?
   Answer: _____

3. What should listeners do to talk to someone?
   Answer: _____

・・・

Step 4: 意味を確認しながら，音読しましょう。ポーズ (8秒) で正答の英文を読みましょう。
①音声と同時に音読　②英文を見ないで音声を聞きながらシャドーイング

音読回数記録：①音声と同時に音読 1 コマ　②シャドーイング 2 コマ										
1	2	3	4	5	6	7	8	9	10	
11	12	13	14	15	16	17	18	19	20	

Reading Section • Workout: Part 7

Step 1: 英文を見ないで語句をリピートしましょう。
　　　　①リピート　②一語遅れリピート（ラギング）

Step 2: 音声を聞いて下の英文の空所に語句を書き入れ，完成させましょう。
Step 3: 英語の語順にあわせて下線部分に訳を書きましょう。

MEMO　　　　　　　メモ

To: All staff　　　　全社員へ

From: Matilda Wright, General Affairs　　マチルダ・ライト, _____ 課

Subject: Office room temperature　　オフィス内の _____ について

Date: December 1　　　　_____ 月 _____ 日

In our (1_____)(2_____) / to conserve (3_____) and /
私たちの _____ 努力として / エネルギーを _____ したり，また /
make our (4_____) more / (5_____) and environmentally (6_____), /
私たちの _____ をもっと / _____ ，また _____ 責任のあるものにするため /
we are turning (7_____) / the (8_____) / this winter. //
私たちは _____ 予定です / _____ を / この冬。//

So / please dress (9_____) / and (10_____) us / (11_____) /
ですから / _____ / 助けてください / _____ することを /
our natural (12_____). // Thank you for / your (13_____). //
私たちの _____ を。// ありがとうございます / _____ を。//

If you have any (14_____), / call me / at (15_____) 201. //
もし _____ がありましたら， / お電話を下さい / _____ 201 番に。//

Step 4: 意味を確認しながら，音読しましょう。
　　　　①音声と同時に音読　②英文を見ないで音声を聞きながらシャドーイング

音読回数記録：①音声と同時に音読 1コマ　②シャドーイング 2コマ									
1	2	3	4	5	6	7	8	9	10
11	12	13	14	15	16	17	18	19	20

Unit 9

Listening Section • Part 1　人物と背景の描写

写真の人物や物，また背景も含めて細かく描写する問題もあります。写っているさまざまなものを表現できるようにしましょう。

Warm-up

Vocabulary

音声を聞いて語句を書きましょう。最初の文字は示してあります。さらに，その語句の意味を選び（ ）に記号を書きましょう。

1. a_____ (　)　2. b_____ (　)　3. c_____ (　)
4. c_____ (　)　5. c_____ (　)　6. d_____ (　)
7. f_____ (　)　8. f_____ (　)　9. g_____ (　)
10. h_____ (　)　11. l_____ (　)　12. p_____ (　)
13. p_____ (　)　14. t_____ (　)　15. w_____ (　)

a) カウンター　b) 水　c) 〜の上方に　d) 新聞　e) 果物
f) 照明　g) コップ　h) 皿　i) 飲む　j) 手渡す
k) ベンチ　l) 床　m) コンピュータ　n) テーブル　o) 戸棚

Pre-Listening

写真を描写するために使う語句や表現を **Vocabulary** を参考にして書きましょう。

_____
_____
_____
_____
_____

Listening 1

音声を聞き，写真の描写として正しいと思うものに○，そうでないものに×，また判断できなかったものには△を書き入れましょう。

Ⓐ [　]　Ⓑ [　]　Ⓒ [　]　Ⓓ [　]

Key　人物中心の写真でも，その人物のそばにある物や背景に写っている物の描写が選択肢に含まれることがあります。その場合は Unit 1 の人物描写のような同じ主語で始まる問題より聞き分けがやや難しくなり，「人物」と「物」の，どちらも正解の可能性があります。写っている物の単語が聞こえた時にすぐに正解とするのではなく，選択肢全部を注意深く聞きましょう。ただし，この Unit では，物の描写は There is/are 〜で「〜が…にある」という表現に統一しています。

Listening 2

もう一度音声を聞いて英文を完成させ，意味を確認しましょう。それぞれの描写が正しければ○，そうでなければ×を [　　] に書き入れ，**Listening 1**の答えと比べてみましょう。

(A) They are (¹　　　　　) a computer.　　　　　　　[　　]

(B) They are (²　　　　　) some water.　　　　　　　[　　]

(C) There are some (³　　　　　) on the table.　　　[　　]

(D) There are some (⁴　　　　　) in the cabinet.　　[　　]

Exercises

Part 1: Choose the statement that best describes what you see in each picture.

写真描写のキーワードを予想して＿＿に書きましょう。

次に音声を聞き，最も適切な描写を1つ選んでマークしましょう。

1.

2.

3.

1. ＿＿woman,＿＿＿＿＿＿＿＿＿＿＿＿＿

Ⓐ Ⓑ Ⓒ Ⓓ

2. ＿＿＿＿＿＿＿＿＿＿＿＿＿＿＿＿＿＿＿

Ⓐ Ⓑ Ⓒ Ⓓ

3. ＿＿＿＿＿＿＿＿＿＿＿＿＿＿＿＿＿＿＿

Ⓐ Ⓑ Ⓒ Ⓓ

Workout は p60 へ

Unit 9

Reading Section • Part 5　人や物の代名詞

人や物の名前の代わりになる言葉を代名詞といいます。「意味（人称）」別に 8 種あり，それぞれ役割を示す「格」があります。また，人や物の言い換えに良く使う他の形の代名詞も見てみましょう。

Warm-up

1 代名詞の形の表を完成させましょう

	主格「～は・が」	所有格「～の」	目的格「～を・に」	所有代名詞「～のもの」	再帰代名詞「～自身」
私	I	my	me	mine	myself
あなた	you				
彼	he				
彼女	she				
それ	it			*****	
私たち	we				
あなたたち	you				
彼（彼女・それ）ら	they				

2 正しい代名詞の選び方

A.「人称」の見分け方：次の語句を主格「～は」の代名詞（表のタテ列）で書き換えてみましょう。

1. Ms. Lee → __she__　　2. Bob → _____　　3. book → _____
4. doctors → _____　　5. Sally and I → _____　　6. you and John → _____
7. your parents → _____　　8. my sister → _____　　9. Bob's brother → _____

B.「1 人称と 2 人称」の区別：「誰」が答えているのかに注目して適切な代名詞を入れましょう。

1. "Do you like music, Tracy?" "Yes, (　　　　) do."
2. "May I smoke here?" "Yes, (　　　　) may."
3. "Hello, Mr. and Mrs. Brown. Did you have a good time at the party?"
   "Yes, (　　　　) did."

C.「主格」「所有格」「目的格」の使い分け：下線を引いた語を言い換える代名詞を書き入れましょう。

1. Ms. Lee loves sports. (　　　　) often plays tennis with (　　　　) friends.
2. Bob got up late this morning. (　　　　) mother gave (　　　　) a ride to the station.
3. I finally found the book in the library, so I borrowed (　　　　).
4. The doctors in this hospital are excellent. Also, (　　　　) are very kind to (　　　　) patients.
5. Sally and I are twins. (　　　　) like chatting. (　　　　) teacher often tells (　　　　) to stop.
6. It was nice to talk with your parents. Please say hello to (　　　　).

【**Key**】「主格」は主語になり誰が，の部分に入ります。「所有格」は名詞の前につき誰のか，を示します。「目的格」は動詞や前置詞の後に来て「～を，～に」を示す目的語となります。

D. 「所有代名詞」と「再帰代名詞」：部分和訳を参考にして，適切な代名詞を書き入れましょう。

1. "Is this your umbrella?" "No, it's not (　　　　　)." (← my umbrella のこと)
「あなたの傘ですか」「私のものではありません」

2. If (　　　　　) like sweets, please help (　　　　　) to the cookies.
（そこにいる1人に向かって）「甘いものがお好きならクッキーをご自由にどうぞ」

3. Bob's brother is putting a big puzzle together by (　　　　　).「自分で組み立てている」

Vocabulary

次の Exercises で使う語句です。正しい意味を下から選びましょう。

1. adopt (　)　　2. agenda (　)　　3. completely (　)
4. criticize (　)　　5. facility (　)　　6. latest (　)
7. matter (　)　　8. miss (　)　　9. participant (　)
10. provide (　)　　11. quality (　)　　12. sales quota (　)

a) 品質　　b) 設備　　c) 問題　　d) 〜に達しそこなう
e) 議題　　f) 最新の　　g) 非難する　　h) 提供する
i) 採用する　　j) 販売ノルマ　　k) 参加者　　l) 完全に

Exercises

Part 5: Choose the best answer to complete each sentence.

1. Before the meeting, let ____ check the agenda.
   (A) your　　(C) you
   (B) our　　(D) us

2. Your opinion on this matter is completely different from ____.
   (A) yours　　(C) you
   (B) ours　　(D) us

3. ____ proposal was adopted on the basis of quality, not price.
   (A) You　　(C) Our
   (B) We　　(D) Yourself

4. It is said that this school provides students with the latest facilities to aid ____ learning.
   (A) your　　(C) them
   (B) their　　(D) theirs

5. The participants in the meeting criticized ____ for missing the sales quota.
   (A) their　　(C) theirs
   (B) they　　(D) themselves

1. Ⓐ Ⓑ Ⓒ Ⓓ
2. Ⓐ Ⓑ Ⓒ Ⓓ
3. Ⓐ Ⓑ Ⓒ Ⓓ
4. Ⓐ Ⓑ Ⓒ Ⓓ
5. Ⓐ Ⓑ Ⓒ Ⓓ

Key 1.「〜しましょう」という意味の勧誘表現。2. 比べるのは「あなたの意見」と「誰かの意見」。3. proposal という名詞の前につく代名詞が必要。4. learning「学習」という名詞の前。5. participants「参加者」が「誰を」criticized「非難した」のか，選択肢から考えてみましょう。

Unit 9　Listening Section • Workout: Part 1

Step 1: 音声を聞いて英文を完成させ，意味の確認をしましょう。
Step 2: 最も適切な写真描写を書き写し，意味を完成させましょう。

1.

　(A) The woman is (^{1}　　　　　) an (^{2}　　　　　).
　(B) The woman is (^{3}　　　　　) on a (^{4}　　　　　).
　(C) There is a piece of (^{5}　　　　　)(^{6}　　　　　) the woman.
　(D) There is a (^{7}　　　　　)(^{8}　　　　　) the trees.

　Best Description: _____
　　　(訳) _____

2.

　(A) The woman is (^{1}　　　　　) a (^{2}　　　　　) to someone.
　(B) The woman is (^{3}　　　　　)(^{4}　　　　　) with someone.
　(C) There are some (^{5}　　　　　)(^{6}　　　　　) the wall.
　(D) There are some (^{7}　　　　　)(^{8}　　　　　) the counter.

　Best Description: _____
　　　(訳) _____

3.

　(A) The women are (^{1}　　　　　) dinner for a (^{2}　　　　　).
　(B) The women are (^{3}　　　　　) the floor in the (^{4}　　　　　).
　(C) There are some (^{5}　　　　　)(^{6}　　　　　) the kitchen counter.
　(D) There are some (^{7}　　　　　)(^{8}　　　　　) the kitchen counter.

　Best Description: _____
　　　(訳) _____

Step 3: ①音声と同時に音読しましょう。ポーズ（5秒）で正しい描写の英文をもう一度読みましょう。
②英文を見ないで音声を聞きながら音読しましょう。（シャドーイング）

音読回数記録：①音声と同時に音読1コマ　②シャドーイング2コマ									
1	2	3	4	5	6	7	8	9	10
11	12	13	14	15	16	17	18	19	20

Reading Section • Workout: Part 5

Step 1: 英文を見ないで語句をリピートしましょう。
　　　　①リピート　②一語遅れリピート（ラギング）

Step 2: 音声を聞いて下の英文の空所に語句を書き入れ，完成させましょう。
Step 3: 英語の語順にあわせて下線部分に訳を書きましょう。

1. Before the (¹　　　　　　), / let (²　　　　　　) check / the (³　　　　　　). //
   ＿＿＿＿＿＿の前に / ＿＿＿＿＿＿しましょう / ＿＿＿＿＿＿を。//

2. Your (¹　　　　　　) / on this (²　　　　　　) /
   あなたの＿＿＿＿＿＿は / この＿＿＿＿＿＿についての /
   is completely (³　　　　　　) / from (⁴　　　　　　). //
   ＿＿＿＿＿＿異なります / ＿＿＿＿＿＿とは。//

3. (¹　　　　　　) proposal was (²　　　　　　) / on the basis of quality, /
   ＿＿＿＿＿＿の提案は ＿＿＿＿＿＿された / ＿＿＿＿＿＿に基づいて /
   not (³　　　　　　). //
   ＿＿＿＿＿＿ではなく。//

4. It is said that / this school (¹　　　　　　) students /
   言われている / この学校は生徒に＿＿＿＿＿＿している /
   with the (²　　　　　　) facilities / to aid (³　　　　　　)(⁴　　　　　　). //
   ＿＿＿＿＿＿の＿＿＿＿＿＿を / ＿＿＿＿＿＿学習を＿＿＿＿＿＿ために。//

5. The (¹　　　　　　) in the meeting / criticized (²　　　　　　) /
   その＿＿＿＿＿＿の＿＿＿＿＿＿は / ＿＿＿＿＿＿を非難した（＝反省した）/
   for missing / the (³　　　　　　)(⁴　　　　　　). //
   ＿＿＿＿＿＿できなかったことで / ＿＿＿＿＿＿を。//

Step 4: 意味を確認しながら，音読しましょう。
　　　　①音声と同時に音読　②英文を見ないで音声を聞きながらシャドーイング

音読回数記録：①音声と同時に音読1コマ　②シャドーイング2コマ										
1	2	3	4	5	6	7	8	9	10
11	12	13	14	15	16	17	18	19	20

Unit 10　Listening Section・Part 2　勧誘や依頼の表現

Warm-up

Vocabulary

音声を聞いて語句を書きましょう。最初の文字は示してあります。さらに，その語句の意味を選び（　）に記号を書きましょう。

1. c_____ (　)　2. c_____ (　)　3. c_____ (　)
4. f_____ (　)　5. h_____ (　)　6. j_____ (　)
7. l_____ (　)　8. p_____ (　)　9. p_____ (　)
10. r_____ (　)　11. s_____ (　)　12. s_____ (　)
13. s_____ (　)　14. t_____ (　)　15. v_____ (　)

a) 加わる　b) 休暇　c) 運ぶ　d) 明日　e) 終わらせる
f) 変更する　g) 新聞　h) 企画案　i) 送る　j) 後で
k) 予定　l) 手伝い　m) スーツケース　n) 閉める　o) 報告書

Key　Why や How で始まる疑問文や Yes / No 疑問文に似た形の問いかけで，「～しませんか」，「～していただけませんか」などの意味を持つ決まった表現があります。問いかけに対し了承する場合，断る場合の応答も決まった形が多く出題されるので，代表的なものは覚えておきましょう。

1. 勧誘・提案表現「～しませんか」　Why don't you ~? / Why don't we ~? / How about ~ing?
2. 依頼表現「～していただけませんか」　Could you ~? / Would you ~? / Would you mind ~ing?
3. 申し出表現「～しましょうか」　Shall I ~? / Would you like ~? / Would you like me to ~?
4. 許可を求める表現「～してよろしいですか」　Can I ~? / May I ~? / Do you mind if I ~?

Pre-Listening

次の質問文を訳し，応答として成り立つものに○（2つ以上あります），成り立たない応答に×をつけましょう。また○の応答について「了承する」，「断る」に分けて記号を書きましょう。

1. Why don't you join us for lunch?（勧誘）　私たちと一緒に_____

　[　] a) Yes, I did.　　　[　] b) I'll be glad to.　　　[　] c) Sounds good.
　[　] d) Because I'm tired.　[　] e) I'd love to, but I have an appointment.
　【了承する：　　　　　　　断る：　　　　　】

2. Could you bring today's paper?（依頼）　_____

　[　] a) Certainly.　　　　[　] b) No, I don't.　　　[　] c) Bring it later.
　[　] d) Sure.　　　　　　[　] e) Sorry, I'm busy.
　【了承する：　　　　　　　断る：　　　　　】

3. Shall I carry your suitcase?（申し出）_____

　　[　] a) Yes, please.　　　　[　] b) Yes, I carried it.　　[　] c) No, I don't.

　　[　] d) Thank you, but I can manage.　　[　] e) That'll be a great help.

　　【了承する：　　　　　断る：　　　　　】

4. Can I smoke here?（許可）_____

　　[　] a) No, I can't.　　　　[　] b) Sure, go ahead.　　[　] c) No problem.

　　[　] d) I'd rather you didn't.　　[　] e) That's fine with me.

　　【了承する：　　　　　断る：　　　　　】

Listening 1

CD を聞き，応答として適切だと思うものに○，そうでないものに×，判断できなかったものには△を書き入れましょう。

1. Ⓐ [　]　Ⓑ [　]　Ⓒ [　]　　　2. Ⓐ [　]　Ⓑ [　]　Ⓒ [　]

Listening 2

もう一度音声を聞いて英文を完成させ，意味を確認しましょう。それぞれの応答が正しければ○，そうでなければ×を [　] に書き入れ，Listening 1 の答えと比べてみましょう。さらに，問いかけと応答の内容について正しいものを囲みましょう。

1. (¹　　　　　) you send me the (²　　　　　) by tomorrow?

　　(A) No, (³　　　　　) you.　　　　　　　　　　　　　　[　]
　　(B) Yes, (⁴　　　　　).　　　　　　　　　　　　　　　　[　]
　　(C) Yes, I (⁵　　　　　) it.　　　　　　　　　　　　　[　]

　　＊（勧誘／提案／依頼／申し出／許可）の問いかけで（了承する／断る）応答。

2. (¹　　　　　) don't you ask Bob for (²　　　　　)?

　　(A) I think I can (³　　　　　) by myself.　　　　　　[　]
　　(B) Because I (⁴　　　　　) him.　　　　　　　　　　　[　]
　　(C) No (⁵　　　　　).　　　　　　　　　　　　　　　　[　]

　　＊（勧誘／提案／依頼／申し出／許可）の問いかけで（了承する／断る）応答。

Exercises

質問文が勧誘・依頼・申し出・許可のうちどの表現か，を集中して聞きましょう。

Part 2: Choose the best response to each question.

1. Ⓐ　Ⓑ　Ⓒ　　　　2. Ⓐ　Ⓑ　Ⓒ
3. Ⓐ　Ⓑ　Ⓒ　　　　4. Ⓐ　Ⓑ　Ⓒ

Unit 10

Reading Section • Part 5　品詞の使い分け

これまで本書のPart 5で動詞，前置詞，接続詞，代名詞の形や使い方を扱いました。主要な品詞はあと名詞，形容詞，副詞で，これらの区別もTOEICに頻出です。しっかりと取り組みましょう。

Warm-up

1 名詞，形容詞，副詞の形の特徴を覚えましょう。

次の語について，形容詞，副詞に変化させ，それぞれの意味を書きましょう。

名詞	（意味）	形容詞	（意味）	副詞	（意味）
beauty	美しさ	beautiful	美しい	beautifully	美しく
care					
cheer					
danger					
importance					
success					
exception					

Key　名詞は「何か」，形容詞は「どのような」，副詞は「どのように」を言い表した語です。多く使われる語尾は，名詞：-ence / -ance / -tion / -ment，形容詞：-ful / -less / -ous / -ic / -ive / -able などです。副詞の多くは，形容詞の語尾に -ly がつきます。

2 名詞，形容詞，副詞の選び方：部分和訳を参考にして（　　）内に**1**から正しい語を選んで入れましょう。また全体の訳を完成させ，品詞の選び方について正しいものを囲みましょう。

1. Please handle with (　　　　　　).　　　くれぐれも注意して
   ＊前置詞 with の後には（ 名詞 ／ 形容詞 ／ 副詞 ）。

2. We all know the (　　　　　　) of the news.　私たちは皆　　　　の重要性を
   ＊冠詞 the と前置詞 of の間には（ 名詞 ／ 形容詞 ／ 副詞 ）。

3. We never imagined his (　　　　　　) in sales.　　　　については彼の成功を
   ＊所有格 his の後には（ 名詞 ／ 形容詞 ／ 副詞 ）。

4. Someone should confront the (　　　　　　).　　　が危険に立ち向かわなければ
   ＊動詞 confront の目的語は（ 名詞 ／ 形容詞 ／ 副詞 ）。

5. Sue is a (　　　　　　) woman.　　　スーは陽気な　　　　です
   ＊名詞 woman を飾るのは（ 名詞 ／ 形容詞 ／ 副詞 ）。

6. You should read the article (　　　　　　).　あなたはその　　　　を注意深く
   ＊動詞 read を飾るのは（ 名詞 ／ 形容詞 ／ 副詞 ）。

7. His new idea is (　　　　　　) good.　　彼の新しい　　　　は例外的に
   ＊形容詞 good を飾るのは（ 名詞 ／ 形容詞 ／ 副詞 ）。

64

Vocabulary

次の **Exercises** で使う語句です。正しい意味を下から選びましょう。

1. attached ( )	2. complaint ( )	3. contact ( )
4. drop by ( )	5. floor model ( )	6. hesitate ( )
7. instructions ( )	8. respond ( )	9. sales ( )
10. support ( )	11. trade show ( )	12. via ( )

a) 苦情　　　b) 応える　　　c) 遠慮する　　　d) 〜によって，〜で
e) 連絡する　f) 付属の　　　g) 展示品　　　　h) 立ち寄る
i) 支援　　　j) 見本市　　　k) 販売　　　　　l) 説明書

Exercises

Part 5: Choose the best answer to complete each sentence.

1. Please drop by at your _____.
   (A) convenience
   (B) convenient
   (C) convention
   (D) conveniently

2. The woman at the support center _____ responded to the customer's complaint.
   (A) polite
   (B) politely
   (C) politeness
   (D) politician

3. The attached instructions were _____ easy to understand.
   (A) relation
   (B) relative
   (C) relatively
   (D) relate

4. If you need any _____ information, don't hesitate to contact me via e-mail.
   (A) add
   (B) addition
   (C) additional
   (D) additionally

5. The sales representatives explained the floor models to their _____ customers at the trade show.
   (A) potential
   (B) potentially
   (C) potentiality
   (D) potentate

1. Ⓐ Ⓑ Ⓒ Ⓓ
2. Ⓐ Ⓑ Ⓒ Ⓓ
3. Ⓐ Ⓑ Ⓒ Ⓓ
4. Ⓐ Ⓑ Ⓒ Ⓓ
5. Ⓐ Ⓑ Ⓒ Ⓓ

Key

選択肢の単語は Vocabulary に掲載していません。意味がわからない語があっても，「品詞の問題」であることを意識し，Warm-up でまとめたポイントを応用して解いてみましょう。

1. 所有格 your の後にくる語の品詞は？
2. 動詞 respond を飾る語の品詞は？
3. 形容詞 easy を飾る語の品詞は？
4. 名詞 information を飾る語の品詞は？
5. 所有格 their の後には名詞がきますが，すでに名詞 customers があるので，これを飾る語が入ります。名詞を飾る語の品詞は？

Unit 10　Listening Section • Workout: Part 2

Step 1: もう一度音声を聞いて英文を完成させ，問いかけ文の意味を完成させましょう。
Step 2: 最も適切な応答を書き写し，その意味を書きましょう。

1. Would you (¹　　　　) / if all the (²　　　　) are closed?
   ＿＿＿＿＿＿していただけませんか / すべての＿＿＿＿＿が＿＿＿＿＿かどうか。

   (A) Yes, (³　　　　) them.　　(B) Thank you (⁴　　　　).
   (C) Sure, I'll (⁵　　　　) it right away.

   Best response: ＿＿＿＿＿＿＿＿＿＿＿＿＿＿＿＿＿＿＿＿＿＿＿＿＿＿
   　　（訳）＿＿＿＿＿＿＿＿＿＿＿＿＿＿＿＿＿＿＿＿＿＿＿＿＿＿

2. May I take a (¹　　　　) / for a week / starting August (²　　　　)?
   ＿＿＿＿＿＿いいですか / ＿＿＿＿間 / ＿＿＿＿＿から。

   (A) Yes, of (³　　　　).　　(B) Yes, it's in (⁴　　　　).
   (C) Yes, I (⁵　　　　).

   Best response: ＿＿＿＿＿＿＿＿＿＿＿＿＿＿＿＿＿＿＿＿＿＿＿＿＿＿
   　　（訳）＿＿＿＿＿＿＿＿＿＿＿＿＿＿＿＿＿＿＿＿＿＿＿＿＿＿

3. How about (¹　　　　) / our schedule?
   ＿＿＿＿＿＿＿ / 私たちの＿＿＿＿＿＿を。

   (A) Not (²　　　　) all.　　(B) Here is the (³　　　　).
   (C) That's a good (⁴　　　　).

   Best response: ＿＿＿＿＿＿＿＿＿＿＿＿＿＿＿＿＿＿＿＿＿＿＿＿＿＿
   　　（訳）＿＿＿＿＿＿＿＿＿＿＿＿＿＿＿＿＿＿＿＿＿＿＿＿＿＿

4. Would you like me to (¹　　　　) / the report / today?
   ＿＿＿＿＿＿＿＿＿ / ＿＿＿＿＿＿を / 今日。

   (A) That'll be a (²　　　　) help.　　(B) See you (³　　　　).
   (C) Yes, I (⁴　　　　).

   Best response: ＿＿＿＿＿＿＿＿＿＿＿＿＿＿＿＿＿＿＿＿＿＿＿＿＿＿
   　　（訳）＿＿＿＿＿＿＿＿＿＿＿＿＿＿＿＿＿＿＿＿＿＿＿＿＿＿

Step 3: ①音声と同時に音読しましょう。ポーズ（5秒）で正答の英文をもう一度読みましょう。
②英文を見ないで音声を聞きながら音読しましょう。（シャドーイング）

音読回数記録：①音声と同時に音読1回1コマ　②シャドーイング1回2コマ									
1	2	3	4	5	6	7	8	9	10
11	12	13	14	15	16	17	18	19	20

Reading Section • Workout: Part 5

Step 1: 英文を見ないで語句をリピートしましょう。
　　　①リピート　②一語遅れリピート（ラギング）

Step 2: 音声を聞いて下の英文の空所に語句を書き入れ，完成させましょう。
Step 3: 英語の語順にあわせて下線部分に訳を書きましょう。

1. Please (¹　　　　　　　) by / at your (²　　　　　　　). //
   どうぞ ＿＿＿＿＿ ください / あなたの ＿＿＿＿＿ 良いときに。//

2. The woman at the (¹　　　　　　　) center / (²　　　　　　　) responded /
   ＿＿＿＿＿ センターの女性は / ＿＿＿＿＿ に ＿＿＿＿＿ していた /
   to the customer's (³　　　　　　　). //
   お客様の ＿＿＿＿＿ に対して。//

3. The (¹　　　　　　　) instructions / were (²　　　　　　　) easy / to (³　　　　　　　). //
   ＿＿＿＿＿ の ＿＿＿＿＿ は / ＿＿＿＿＿ 簡単でした / ＿＿＿＿＿ することは。//

4. If you need / (¹　　　　　　　) information, /
   もし必要なら / ＿＿＿＿＿ の情報が /
   don't (²　　　　　　　) to (³　　　　　　　) me /
   ＿＿＿＿＿ 私に ＿＿＿＿＿ して下さい /
   (⁴　　　　　　　)(⁵　　　　　　　). //
   メール ＿＿＿＿＿ 。//

5. The (¹　　　　　　　) representatives / explained /
   ＿＿＿＿＿ 担当者は / ＿＿＿＿＿ した /
   the (²　　　　　　　)(³　　　　　　　) / to their (⁴　　　　　　　) customers /
   ＿＿＿＿＿ を / ＿＿＿＿＿ お客様に /
   at the (⁵　　　　　　　) show. //
   ＿＿＿＿＿ で。//

Step 4: 意味を確認しながら，音読しましょう。
　　　①音声と同時に音読　②英文を見ないで音声を聞きながらシャドーイング

音読回数記録：①音声と同時に音読１コマ　②シャドーイング２コマ
1	2	3	4	5	6	7	8	9	10
11	12	13	14	15	16	17	18	19	20

Unit 11

Listening Section • Part 3　同僚との会話

Warm-up

Vocabulary

音声を聞いて語句を書きましょう。最初の文字は示してあります。さらに，その語句の意味を選び（　）に記号を書きましょう。

1. b_____ (　)　2. c_____ (　)　3. d_____ (　)
4. f_____ (　)　5. j_____ (　)　6. m_____ (　)
7. p_____ (　)　8. p_____ (　)　9. p_____ (　)
10. p_____ (　)　11. r_____ (　)　12. s_____ (　)
13. s_____ (　)　14. t_____ (　)　15. t_____ (　)

a) 会，会議　　b) 電源を入れる　　c) 詰まる　　d) 保管する　　e) 植物
f) 賛成して　　g) 機械　　h) 提案する　　i) 診療所　　j) 交通
k) かなり　　l) 書棚　　m) 修理工　　n) コピー機　　o) 部署

Key: 同僚との間では，仕事に直結する話題のほか，やや個人的な問題の相談をする，道具の使い方を尋ねる，休暇を代わってもらう，ランチに誘う，などさまざまな話題が考えられます。いずれの話題の場合も，よく出題されるのは何らかの「問題（problem）」や「困っていること，心配していること（concern）」があり，その解決方法やアドバイスを求めたり，あるいは提案されたりするパターンです。まずは短い会話の中で，誰が，どんな問題を抱えているかを確実に聞き取ってみましょう。

Listening 1

会話の一部を聞き，誰が，どんな問題や心配事を抱えているかをそれぞれ選びましょう。

1. Who has a problem?　Ⓐ The man　　Ⓑ The woman　　Ⓒ Both
   Problem / concern:　Ⓐ Too many people　Ⓑ Too many files　Ⓒ Too many books

2. Who has a problem?　Ⓐ The man　　Ⓑ The woman　　Ⓒ Both
   Problem / concern:　Ⓐ Machine trouble　Ⓑ Traffic trouble　Ⓒ Family trouble

3. Who has a problem?　Ⓐ The man　　Ⓑ The woman　　Ⓒ Both
   Problem / concern:　Ⓐ A coworker　　Ⓑ Office hours　　Ⓒ A meeting

Listening 2

もう一度音声を聞いて英文を完成させましょう。また，問題や心配事を抱えている人とその内容をまとめ，Listening 1 の答えと比べてみましょう。さらに問題に対して誰が，どんな提案を示したかを選びましょう。

1. M: There are too many (　　　　　　) to put on this bookshelf.
   W: How about (　　　　　) them in the (　　　　　)?
   （男性・女性・両者）が抱えている問題：＿＿＿＿＿＿＿＿＿＿が多すぎること
   （男性・女性）の提案：Ⓐ 書棚を増やす　Ⓑ 保管庫にしまう　Ⓒ 処分する

2. W: This photocopier is getting (　　　　　　) up often recently.
   M: Well, we should (　　　　　) a (　　　　　).
   （男性・女性・両者）が抱えている問題：＿＿＿＿＿＿＿＿＿＿＿＿＿＿
   （男性・女性）の提案：Ⓐ 修理業者に電話する　Ⓑ 上司を呼ぶ　Ⓒ 自分で修理する

3. W: I have to take my sick son to the (　　　　　　). I'm afraid I'll be (　　　　　) for the meeting.
   M: Don't worry. I'll (　　　　　) the morning session for you.
   （男性・女性・両者）が抱えている心配：＿＿＿＿＿＿＿＿＿＿＿＿＿＿
   （男性・女性）の提案：Ⓐ 会議に代わりに出席する　Ⓑ 子供を預かる　Ⓒ 時間を計る

＊TOEIC 形式の設問の意味をすばやく確認するための練習です。区切りごとに訳してみましょう。

1. What / does the man / want to do?
   何を / ＿＿＿＿＿＿ は / したいと思っているか。

2. What / does the woman suggest / the man do?
   何を / 女性は ＿＿＿＿＿＿ しているか / ＿＿＿＿＿＿ がするべきことについて。

3. What / is the man / concerned about?
   ＿＿＿＿＿＿ / ＿＿＿＿＿＿ は / 心配しているか。

Exercises

PART 3: You will hear a conversation. Select the best answer to each question.

1. What does the man want to do?
   (A) Turn on the air conditioner
   (B) Put some plants in the office
   (C) Find a new office
   (D) Attend the meeting with the woman

2. What does the woman suggest the man do?
   (A) Look for the plants at the department store
   (B) Take care of the plants
   (C) Propose his idea at the meeting
   (D) Bring something new

3. What is the man concerned about?
   (A) He cannot attend the meeting.
   (B) He has to propose a different idea.
   (C) He was just hired recently.
   (D) The woman will back him up.

1. Ⓐ Ⓑ Ⓒ Ⓓ
2. Ⓐ Ⓑ Ⓒ Ⓓ
3. Ⓐ Ⓑ Ⓒ Ⓓ

Unit 11

Reading Section • Part 6　さまざまな品詞の補充

このUnitでは今までの文法で出てきた品詞について，それぞれの役割を確認して区別するための練習をします。また，「説明書・保証書」でPart 6形式の補充問題を解いていきます。

Warm-up

1 下線部分の語について下の「役割と品詞」の説明a)～l)から適切なものを選び，記号をその語の下に書きましょう。

その年配の女性は / 普通 / 散歩に連れて行く / 大きな犬を / 楽しそうに / 朝 /
The old woman usually walks her big dog happily in the morning,
　　1　　2　　　　3　　　　4　　　　　5　　6　　7　　　8

しかし / 今日は / 彼女は / いる / 家に / 雨なので
but today, she will stay at home due to the rain.
9　　　　　　　10　　　　　11　　　12

a) 主語「～は」になる名詞	b) 目的語「～を」になる名詞	c) 動作を表現する動詞
d) 主語である名詞を飾る形容詞	e) 目的語である名詞を飾る形容詞	f) 様子を表す副詞
g) 頻度を表す副詞	h) 名詞を言い換えた代名詞	i) 場所の前につく前置詞
j) 2つの「主語＋動詞」をつなぐ接続詞	k) 時の前につく前置詞	l) 理由を表す前置詞（句）

■ 単語の形で品詞が類推できるようにしておきましょう
品詞を決めるヒントになる語尾に下線を引きましょう。（**Unit 10 Reading Section** 参照）

名詞	action	generation	difference	movement	performance	
形容詞	powerful	wonderful	careless	possible	dangerous	active
副詞	usually	slowly	carefully	currently	previously	

2 説明書の基本形式

商品付属の「取扱説明書」には使い方や保証の説明があります。簡潔な英文で箇条書きになっていることが多いので比較的読みやすい文書です。以下の項目を正しい位置に書き込みましょう。
[Care / 555-1010 / GrandTime Watch / Warranty]

---

①_____（商品名）　Instructions & Warranty

You can now own a cool, reliable, and high-quality watch.

②_____（お手入れ）：＊＊＊＊＊＊＊＊＊＊＊＊＊＊＊＊

③_____（保証）：＊＊＊＊＊＊＊＊＊＊＊＊＊＊＊＊＊

For warranty and product information, contact us at:

　　　　　　　④_____（問い合わせ先）

70

Vocabulary

次の **Exercises** で使う語句です。正しい意味を下から選びましょう。

1. avoid	( )	2. contact	( )	3. cover	( )
4. crack	( )	5. dinnerware	( )	6. ensure	( )
7. household	( )	8. lightweight	( )	9. load	( )
10. replace	( )	11. stain	( )	12. versatile	( )

a) 交換する　　b) 入れ込む　　c) ひびが入る　　d) 用途の広い
e) 避ける　　　f) 対象とする　g) 確実にする　　h) 接触
i) しみがつく　j) 軽量の　　　k) 食器類　　　　l) 家庭の

Exercises

Part 6: Select the best answer to complete the text.

Questions 1-3 refer to the following excerpt from an instruction manual.

GranDish Dinnerware　　Instructions & Warranty

You can now own lightweight, _____, and versatile dinnerware. We are proud to

1. (A) beauty
　(B) beautiful
　(C) beautifully
　(D) beautician　　Ⓐ Ⓑ Ⓒ Ⓓ

present GranDish, our high-quality dinnerware. Please read these instructions carefully to ensure your _____.

2. (A) satisfy
　(B) satisfied
　(C) satisfactorily
　(D) satisfaction　　Ⓐ Ⓑ Ⓒ Ⓓ

Care: GranDish dinnerware may be washed by hand or in a dishwasher. Load dinnerware into your dishwasher carefully to avoid glass-on-glass contact during cycle.

Warranty: The warranty covers normal household use. We will replace GranDish dinnerware that happens to crack, break, or _____ stain within ONE year of the date of purchase.

3. (A) perm
　(B) permanent
　(C) permanently
　(D) permanence　　Ⓐ Ⓑ Ⓒ Ⓓ

For replacement and product information, call us at 555-1010.

Key
1. 名詞 dinnerware を飾る語のうちの1つが空所になっています。
2. 所有格 your の後に来る語の品詞は？　3. 動詞 stain を飾る語が入ります。

Unit 11 — Listening Section • Workout: Part 3

Step 1: もう一度音声を聞いて英文を完成させましょう。

Step 2: 英語の語順にあわせて下線部分に訳を書きましょう。

Man: I think / we should have / some (¹　　　　　　) /
私は思います / 私たちは ＿＿＿＿＿＿＿＿ です / ＿＿＿＿＿＿＿＿ をいくつか /

in our (²　　　　　　). // It would (³　　　　　　) a lot nicer, /
私たちの ＿＿＿＿＿＿＿＿ に。// ずっと ＿＿＿＿＿＿＿＿ 見えるでしょう /

and / the office (⁴　　　　　　) would be better, too. //
それに / オフィスの ＿＿＿＿＿＿＿＿ ももっと良くなるでしょう。//

Woman: I'm (⁵　　　　　　)(⁶　　　　　　) / it. //
私は ＿＿＿＿＿＿＿＿ です / それに。//

Why don't you (⁷　　　　　　) it up / at the next (⁸　　　　　　)? //
＿＿＿＿＿＿＿＿ みたらどうですか / 次の ＿＿＿＿＿＿＿＿ で。//

Man: I (⁹　　　　　　), but / I'm (¹⁰　　　　　　) pretty (¹¹　　　　　　) / here. //
＿＿＿＿＿＿＿＿ ですが / 私は ＿＿＿＿＿＿＿＿ かなり ＿＿＿＿＿＿＿＿ です / ここでは。//

Woman: Don't (¹²　　　　　　) about it. // You (¹³　　　　　　) / it, /
＿＿＿＿＿＿＿＿ しないでいいですよ。// ＿＿＿＿＿＿＿＿ みてください / そのことを /

and / I'll (¹⁴　　　　　　) you up. //
そうすれば / 私はあなたを ＿＿＿＿＿＿＿＿ しますよ。//

Step 3: Exercises (p.69) の選択肢のうち，正しい答えを書き写しましょう。

1. What does the man want to do?
   Answer: ＿＿＿＿＿＿＿＿＿＿＿＿＿＿＿＿＿＿＿＿＿＿＿＿＿＿＿

2. What does the woman suggest the man do?
   Answer: ＿＿＿＿＿＿＿＿＿＿＿＿＿＿＿＿＿＿＿＿＿＿＿＿＿＿＿

3. What is the man concerned about?
   Answer: ＿＿＿＿＿＿＿＿＿＿＿＿＿＿＿＿＿＿＿＿＿＿＿＿＿＿＿

Step 4: 意味を確認しながら，音読しましょう。ポーズ（8秒）で正答の英文を読みましょう。
①音声と同時に音読　②英文を見ないで音声を聞きながらシャドーイング

音読回数記録：①音声と同時に音読１コマ　②シャドーイング２コマ

1	2	3	4	5	6	7	8	9	10
11	12	13	14	15	16	17	18	19	20

Reading Section • Workout: Part 6

Step 1: 英文を見ないで語句をリピートしましょう。
　　　　①リピート　②一語遅れリピート（ラギング）

Step 2: 音声を聞いて下の英文の空所に語句を書き入れ，完成させましょう。
Step 3: 英語の語順にあわせて下線部分に訳を書きましょう。

GranDish Dinnerware　　　グランディッシュ食器
Instructions & Warranty　　取扱い説明と _____

You can now own / lightweight, (¹ _____), / and (² _____) dinnerware. //
今，あなたは手にしています / 軽量で _____ , / そして _____ を。//

We are (³ _____) to / present GranDish, /
私共は _____ 思います / グランディッシュを提供していることを /

our high-(⁴ _____) dinnerware. //
それは _____ 食器類です。//

Please read these (⁵ _____) / carefully / to ensure / your (⁶ _____). //
この _____ をお読みください / _____ / 確実にするために / あなたの _____ を。//

Warranty: The warranty (⁷ _____) / normal (⁸ _____) use. //
保証：この保証は _____ とします / 通常の _____ 使用を。//

We will (⁹ _____) / GranDish dinnerware / that happens to (¹⁰ _____), /
私共は _____ します / GranDish 食器を / _____ が入ったり, /

(¹¹ _____), or / (¹² _____) stain / within ONE year /
_____ , また / ずっととれないような _____ がついたりしたら / 一年以内に /

of the date of (¹³ _____). //
_____ 日より。//

For (¹⁴ _____) and (¹⁵ _____) information, / call us / at 555-1010. //
_____ と _____ 情報につきましては / お電話でお問い合わせ下さい / 555-1010 まで。//

Step 4: 意味を確認しながら，音読しましょう。
　　　　①音声と同時に音読　②英文を見ないで音声を聞きながらシャドーイング

音読回数記録：①音声と同時に音読 1 コマ　②シャドーイング 2 コマ										
1	2	3	4	5	6	7	8	9	10
11	12	13	14	15	16	17	18	19	20

Unit 12　Listening Section • Part 4　身近なラジオ放送

Warm-up

Vocabulary

音声を聞いて語句を書きましょう。最初の文字は示してあります。さらに，その語句の意味を選び（　）に記号を書きましょう。

1. a_____ (　)　2. a_____ (　)　3. a_____ (　)
4. c_____ (　)　5. c_____ (　)　6. e_____ (　)
7. i_____ (　)　8. i_____ (　)　9. n_____ (　)
10. o_____ (　)　11. p_____ (　)　12. s_____ (　)
13. s_____ (　)　14. t_____ (　)　15. w_____ (　)

a) 熟練した　b) 料理をまかなう　c) 浴びる　d) 念のため　e) 事故
f) 天気　g) 準備する　h) 航空料金　i) 混雑した　j) 砂の
k) 広告　l) 氷に覆われた　m) 特別価格　n) 気温　o) 北

Key

TOEIC で出題される「ラジオ放送」は，天気予報や交通情報，地元のタウン情報，ニュースやコマーシャルなど，さまざまな情報番組を含みます。まずは身近な話題で比較的聞きやすいもので流れをつかみましょう。番組の流れは，①話し手の自己紹介，②番組の紹介または目的，③具体的な情報，の後に，④聞き手に求める行動，⑤次の番組の紹介，などが加わる場合もあります。このユニットでは，どんな放送かを踏まえたうえで，具体的な情報を聞きとる練習をしてみましょう。

Listening 1

さまざまなラジオ放送の一部を聞き，どんな放送か，またそれぞれの放送について具体的な情報を1つ聞きとり，正しい答えを選びましょう

1. What is the broadcast about?
　　　　　　Ⓐ An advertisement　Ⓑ A weather report　Ⓒ Traffic information
　Temperature:　Ⓐ 10℃　　　　　Ⓑ 20℃　　　　　　Ⓒ 30℃

2. What is the broadcast about?
　　　　　　　　Ⓐ An advertisement　Ⓑ A weather report　Ⓒ Traffic information
　Next Information:　Ⓐ In 10 minutes　Ⓑ In 15 minutes　Ⓒ In 50 minutes

3. What is the broadcast about?
　　　　　Ⓐ An advertisement　Ⓑ A weather report　Ⓒ Traffic information
　Service:　Ⓐ Up to 15 people　Ⓑ Up to 50 people　Ⓒ Up to 150 people

74

Listening 2

もう一度音声を聞いて英文を完成させましょう。具体的な情報を確認して書き，Listening 1 の答えと比べてみましょう。また，聞き手に勧めている行動を選びましょう。

1. This is Peter West with XYZ (　　　　　) Information. Today in the (　　　　　) area of town, the temperature is (　　　　　) degrees. The chance of rain will be (　　　　　) percent in the morning, (　　　　　) percent in the afternoon, and (　　　　　) percent in the evening. So bring an (　　　　　) with you just in case.

　　具体的な情報：予想気温＿＿＿℃　降水確率午前＿＿＿％　午後＿＿＿％　夜＿＿＿％
　　勧める行動：Ⓐ 外出を控える　　Ⓑ 傘を持っていく　　Ⓒ 早めに帰宅する

2. Good morning. This is Larry with the UVW (　　　　　) report. The main street is crowded due to car (　　　　　) caused by the (　　　　　) roads. Stay tuned for the next report in fifteen minutes.

　　具体的な情報：渋滞の原因は＿＿＿の凍結による＿＿＿の事故で次の情報は＿＿＿分後
　　勧める行動：Ⓐ 迂回する　　Ⓑ タイヤチェーンをつける　　Ⓒ チャンネルはそのままに

3. Planning a party? Let FunFoods (　　　　　) to all your needs. We offer a full (　　　　　) of party foods for up to (　　　　　) people, prepared by expert (　　　　　) and served hot and fresh. For further information, visit our website, www.funfoods.com.

　　具体的な情報：会社の業務は＿＿＿＿＿で，パーティーの規模は＿＿＿＿＿人まで可能
　　勧める行動：Ⓐ 予約をする　　Ⓑ ウェブサイトで詳細情報を見る　　Ⓒ 見学をする

＊ TOEIC 形式の設問の意味をすばやく確認するための練習です。区切りごとに訳してみましょう。

1. What type of business / is being advertised?　どのような＿＿＿＿が /＿＿＿＿されているか。
2. When does the special offer / end?　＿＿＿＿特別価格の提供は /＿＿＿＿。
3. How can listeners make a reservation / for the special packages?
　　どのようにして聞き手は＿＿＿＿をするべきか / 特別な＿＿＿＿の。

Exercises

PART 4: You will hear a broadcast. Select the best answer to each question.

1. What type of business is being advertised?
   - (A) An airline
   - (B) A travel agency
   - (C) A hotel
   - (D) A fitness center

2. When does the special offer end?
   - (A) In two weeks
   - (B) In three weeks
   - (C) In a month
   - (D) In two months

3. How can listeners make a reservation for the special packages?
   - (A) By sending a fax
   - (B) By going to a website
   - (C) By visiting an office
   - (D) By making a phone call

1. Ⓐ Ⓑ Ⓒ Ⓓ
2. Ⓐ Ⓑ Ⓒ Ⓓ
3. Ⓐ Ⓑ Ⓒ Ⓓ

Unit 12

Reading Section • Part 7　求人広告と応募の手紙

TOEIC では，Reading Section の終盤に「関連する文書 2 つ（ダブルパッセージ）とそれに続く 5 つの設問」が 4 セット出題されます。取り組みやすい例でダブルパッセージの特徴を学びましょう。

Warm-up

1 ダブルパッセージの解き方

下の文書①，②を読み，設問に答えてみましょう。

文書①

> Congratulations! You can receive one of our Lucky Bags listed below.
> Check (✓) W, X, Y, or Z on the ticket and bring it to the service counter by December 15.
> Bag W: Beer, soda, and orange juice　　Bag X: Cookies, chocolates, and apple pie
> Bag Y: Paper, envelopes, and a fountain pen　Bag Z: Lipstick, eye shadow, and skin lotion

文書②

> Exchange Ticket　＊ I would like Bag　☐ W　☑ X　☐ Y　☐ Z　　Name: Sally Baker

Q1 What would Sally like to get?
　Ⓐ Cosmetics　　Ⓑ Beverages　　Ⓒ Stationery　　Ⓓ Sweets

Key　Sally の希望は文書②によると Bag X ですが，この中身は文書①を見ないとわかりません。このようにダブルパッセージでは文書両方を検討して答える設問があります。また，TOEIC では語句を同様の意味の他の語に言い換えることがよくあります。（例：cookies, chocolates → sweets）

2 設問パターンに慣れましょう：「How 型」「NOT 設問」

以下の設問の訳を完成させ，**1** の文書①②の内容から答えを選びましょう。

1. How can Sally get the bag?　　サリーは＿＿＿＿＿福袋を手に入れることができるか
　Ⓐ By eating more food by December 15　　Ⓑ By paying $15
　Ⓒ By giving the ticket to the staff　　　　Ⓓ By checking all the bags

2. What is NOT included in Bag W?　　Bag W に＿＿＿＿＿ものは何か
　Ⓐ Soda　　　Ⓑ Juice　　　Ⓒ Wine　　　Ⓓ Beer

【Key】"NOT" のある設問に対しては本文と一致する選択肢から消去します。残ったものが正解です。

Vocabulary

次の **Exercises** で使う語句です。正しい意味を下から選びましょう。

1. apply　　　（　）　2. attachment　（　）　3. candidate　（　）　4. clerk　　　（　）
5. command　（　）　6. field　　　　（　）　7. fluent　　　（　）　8. improve　　（　）
9. interpreter（　）　10. résumé　　（　）　11. shipping　（　）　12. trading　　（　）

　　a) 貿易　　　　　b) 応募する　　　c) 通訳者　　　d) 船舶
　　e) 向上させる　　f) 事務員　　　　g) 分野　　　　h) 運用能力
　　i) 応募者　　　　j) 添付　　　　　k) 履歴書　　　l) 流暢な

Exercises

Part 7: Select the best answer for each question.

Questions 1-5 refer to the following advertisement and e-mail.

Help Wanted: An international shipping and trading firm is seeking a professional clerk. The successful candidate will have more than 3 years' experience in the field of trading, good command of Chinese and English, and proficiency in the use of office software. To apply, send an e-mail with your résumé to Lois Park at lpark@pline.com by December 1. Port Lines, Kobe.

From: Keiko O. Brown <kono@zmail.com>
To: Lois Park <lpark@pline.com>
Subject: Job application
Date: November 25
Attachment: Résumé

Dear Ms. Park,

I am responding to your recent job advertisement. I would like to apply for the clerical position. I have been working at a trading company as a clerk for three years while improving my computer skills. I am fluent in the two required languages in addition to Japanese. I believe I can make the most of my abilities and experience at an international company such as yours. My résumé is enclosed as an attachment. I look forward to hearing from you at your earliest convenience.

Sincerely,
Keiko O. Brown

---

1. What position is being advertised?
   (A) Office worker
   (B) Systems engineer
   (C) Language teacher
   (D) Interpreter

2. What is NOT a requirement of the position?
   (A) The ability to speak two languages
   (B) Knowledge of trading
   (C) Experience as a sales representative
   (D) Computer capability

3. How can people apply for the position?
   (A) By sending a letter and a résumé
   (B) By sending an e-mail and a résumé
   (C) By visiting the company
   (D) By calling Lois Park on December 1

4. In the e-mail, the word "recent" in paragraph 1, line 1 is closest in meaning to
   (A) upcoming
   (B) modern
   (C) attractive
   (D) last

5. What languages does Ms. Brown probably speak?
   (A) English and Japanese
   (B) Chinese and Japanese
   (C) Chinese, English, and Japanese
   (D) English, Japanese, and French

Unit 12 Listening Section • Workout: Part 4

Step 1: もう一度音声を聞いて英文を完成させましょう。
Step 2: 英語の語順にあわせて下線部分に訳を書きましょう。

Tired of / the long (¹　　　　　)? // The wind and (²　　　　　) / getting you down? //
_____ しませんか / 長い _____ に。// _____ や _____ で / 気が滅入りませんか。//

Then / why not (³　　　　　) yourself / a (⁴　　　　　) break / in beautiful Bermuda? //
それなら / とってはいかがでしょう / _____ の _____ を / 美しい _____ で。//

(⁵　　　　　) up our (⁶　　　　　) / and (⁷　　　　　) / on our (⁸　　　　　) beaches. //
_____ を浴びて / _____ してください / _____ で。//

Go for a (⁹　　　　　) / in our clear (¹⁰　　　　　)(¹¹　　　　　). //
_____ に行ってください / 澄んだ _____ へ。//

Weekend packages, / including (¹²　　　　　) and (¹³　　　　　), /
週末パック旅行は / _____ と _____ 込みで /

start at less than $1,000. //
_____ からあります。//

This offer is (¹⁴　　　　　) / for (¹⁵　　　　　) weeks, / so (¹⁶　　　　　) us soon /
この _____ は有効です / _____ 週間 / お早めに _____ をください /

at 555-0100 / for a (¹⁷　　　　　). // To (¹⁸　　　　　) more information, /
555-0100 まで / _____ のために。// 詳しい _____ は /

visit our website / at www.tours.com. //
_____ をご覧下さい / www.tours.com。//

Step 3: Exercises (p.75) の選択肢のうち，正しい答えを書き写しましょう。

1. What type of business is being advertised?
   Answer: _____

2. When does the special offer end?
   Answer: _____

3. How can listeners make a reservation for the special packages?
   Answer: _____

Step 4: 意味を確認しながら，音読しましょう。ポーズ(8秒)で正答の英文を読みましょう。
①音声と同時に音読　②英文を見ないで音声を聞きながらシャドーイング

音読回数記録：①音声と同時に音読1コマ　②シャドーイング2コマ										
1	2	3	4	5	6	7	8	9	10
11	12	13	14	15	16	17	18	19	20

Reading Section • Workout: Part 7

Step 1: 英文を見ないで語句をリピートしましょう。
　　　　①リピート　②一語遅れリピート（ラギング）

Step 2: 音声を聞いて下の英文の空所に語句を書き入れ，完成させましょう。
Step 3: 英語の語順にあわせて下線部分に訳を書きましょう。

Dear Ms. Park　　パーク様

I am responding / to your (1　　　　　　) job advertisement. //
私は（応えて）書いています / ＿＿＿＿＿＿の＿＿＿＿＿＿に対して。//

I would like to apply / for the (2　　　　)(3　　　　　　). //
私は＿＿＿＿＿＿したいと思います / その＿＿＿＿＿＿の＿＿＿＿＿＿に。//

I have been (4　　　　　　) / at a (5　　　　　　) company / as a clerk /
私は＿＿＿＿＿＿しています /＿＿＿＿＿＿会社で /＿＿＿＿＿＿として /

for (6　　　) years / while (7　　　　　　) / my (8　　　　　　) skills. //
＿＿＿＿＿＿年間 / その間向上させてきました /＿＿＿＿＿＿の技術を。//

I am (9　　　　　　) / in the two required (10　　　　　　) / in addition to Japanese. //
＿＿＿＿＿＿に話せます / 求められている２つの＿＿＿＿＿＿を / 日本語＿＿＿＿＿＿。//

I believe I can make the most of / my (11　　　　　　) and experience /
私は最も＿＿＿＿＿＿と思います / 私の＿＿＿＿＿＿と＿＿＿＿＿＿を /

at an international (12　　　　　　) / such as yours. //
＿＿＿＿＿＿な会社で /＿＿＿＿＿＿のような。//

My (13　　　　　　) / is enclosed / as an (14　　　　　　). //
＿＿＿＿＿＿は / 同封（送）されています /＿＿＿＿＿＿として。//

I look (15　　　　) to / (16　　　　　　) from you / at your earliest convenience. //
お待ちしております /＿＿＿＿＿＿を / ご都合の＿＿＿＿＿＿。//

Sincerely,　　　　敬具

Keiko O. Brown　　啓子・ブラウン

Step 4: 意味を確認しながら，音読しましょう。
　　　　①音声と同時に音読　②英文を見ないで音声を聞きながらシャドーイング

音読回数記録：①音声と同時に音読１コマ　②シャドーイング２コマ										
1	2	3	4	5	6	7	8	9	10
11	12	13	14	15	16	17	18	19	20

Image Credits:
©sing / Shutterstock.com p.33, 36

著作権法上、無断複写・複製は禁じられています。

TOEIC® Test: WORKOUT→300	[B-778]
大学生のための TOEIC® テスト基礎演習	

1 刷	2015年2月23日
6 刷	2023年3月31日

著 者	和田 ゆり
発行者	南雲 一範　Kazunori Nagumo
発行所	株式会社　南雲堂 〒162-0801　東京都新宿区山吹町361 NAN'UN-DO CO., Ltd. 361 Yamabuki-cho, Shinjuku-ku, Tokyo 162-0801, Japan 振替口座：00160-0-46863 TEL：03-3268-2311（代表）／FAX：03-3269-2486 編集者　加藤　敦
組 版	柴崎 利恵
装 丁	Nスタジオ
検 印	省略
コード	ISBN978-4-523-17778-4　　C0082

Printed in Japan

E-mail　　nanundo@post.email.ne.jp
URL　　　https://www.nanun-do.co.jp/